포도시

사이펀 현대시인선 28
포도시
ⓒ 2025 이진해

초판인쇄 | 2025년 11월 15일
초판발행 | 2025년 11월 20일

지 은 이 | 이진해
펴 낸 이 | 배재경
펴 낸 곳 | 도서출판 작가마을
등   록 | 제 2002-000012호
주   소 | 부산광역시 중구 대청로141번길 3, 501호(중앙동, 다온빌딩)
            T. 051)248-4145, 2598 F. 051)248-0723 E. seepoet@hanmail.net

ISBN 979-11-5606-296-7 03810   정가 12,000원

※ 이 책의 무단전재 및 복제행위는 저작권법에 의거, 처벌의 대상이 됩니다.
※ 본 도서는 2025년 부산광역시, 부산문화재단 지역문화예술특성화 '부산문화예술지원사업'으로 지원을 받았습니다.

사이펀현대시인선 28

포도시

이진해 시집

시인의 말

내내, 안녕

내내, 편안

어울리진 않지만

함께 가는 동행

어디서 나를 잡아끄는 커다란 범고래

숨었니, 재밌니

지루한 시간 끝에 기다리는 건

다른 듯 똑같은 시간의 행간들

엉거주춤한 꽃들이 매달린 채 마르고 있다

무언가를 견딘다는 것

군더더기가 아니다

잎이 푸르게 멍들고

발가락에는 굳은살이 차오른다

2025. 가을

이진해 시집

• **차례**

시인의 말 ·································· 005

제1부

4만피트의 찬란	013
고래의 낙하	014
꽃의 자작극	016
누리호의 행운	018
도서관	020
리얼돌	022
리플레쉬	024
모래 책	026
단어는 기억이다	028
미간이 좁혀진다	029
바다는 차가운 푸름이다	030
시대 유감	032
아이의 말에 철이 드네	034
엄마의 손톱이 반짝거리네	036
여름 장마	038
원래의 모습으로	040
유전되는	042
차가운 미스트는 녹아 버렸다	044
시간이 멍들기를 반복한다	045

siphon

제2부

포진으로 숨어든 말들	049
그곳은 안태고향이다	050
꿈도 이별을, 헤어짐을 아는가	052
커피의 맛은 기억이다	054
커피, 반 잔 값	056
만우절의 유래	058
수목원의 敍事	060
시간 속의 시간	062
연애편지	064
옛날이야기	066
허수아비	068
화성으로 가자	070
은둔형 외톨이	072
천 개의 바람이 되어	074
푸른 코끼리	075
발레는	076
다름과 주책은 같다	077
나의 명찰	078
종이배	080

이진해 시집

• 차례

제3부

YDG	083
자가격리	084
낙원상가	086
닿고 싶다	087
몇 센티미터	088
문을 열 수가 없다	090
물의 시간	092
술을 마신다	093
MBTI 테스트	094
오, 오, 오 어디로 갔니	095
오늘부터	096
오래 기억될	098
자각몽	100
잿빛물감에 베이다	101
잠이 든 바람	102
적과의 동침	104
점유의 방정식	105
온시디움	106

siphon

제4부

불꽃	109
봄이다	110
꽃은 꽃이다	112
다시, 봄 1	113
봄은 또 지나가고	114
어디서 왔니	116
꿈이야	117
비를 걷는 밤	118
산다는 것 살아가야 하는 자존심이다	119
詩	120
詩는	121
이어가고 있는 時間	122
창문 속에 바다가 있네	123
해운대는 푸르다	124
달맞이언덕	126
처용(妻의 다리)	127
꿈이 다른 건 아니다	128

해설

푸른 하늘로의 초월과 근원의 수용 / 김경복   129

사이펀
현대시인선
28

포도시

이진해

4만 피트의 찬란

구름이 층층
마법을 즐기듯 눈을 감는다
나는 더 이상 쪼개어질 수 없는 원자의 감정으로
아, 그냥 잠들고 싶다
우라늄에 중성자가 들어가면 폭발한다
내 감정에 들어오는 구름은
에스프레소에 터트린 밀크의 스며듦이다
서서히
아주 느리게 정복당한다
연쇄적 분열이 일어난다
어떻게 될까
생각이 나를 지배할 때
따뜻한 스파에 몸을 담근 것 같다
그냥 머리를 물속으로 쓱 집어넣는다
한 점의 욕심마저 내려놓고
구름 위를 산책한다
흡사, 일상처럼
구름은 층층
캉캉 치맛자락을 들어 올리며
유혹의 무반주다

고래의 낙하

지구상에서 가장 큰 생명체
푸른 고래는 죽기 전에 하는 일이 있지
바다의 바닥 끝 깊은 곳으로 마지막 다이브를 하지
고래의 낙하라 부르지
생의 마지막을 아는 거지
수백 마리의 생명체에게
또 다른 생명을 주고 가는
13000개 생명체의 밥이 되는 거지
고래가 생명을 잃으면
물에서 자라는 식물들을 위한 영양분이 되는 거지
100년 동안 지속되는 신비한 일이야
고래가 죽으면
가장 먼저 상어와 뱀장어가 시체를 먹는 거야
남은 작은 살들은
작은 벌레들이 먹어
뼈는 분해해서 지방과 단백질을 만든 다음
박테리아들이 먹는다지
그래서 고래가 죽으면
다시 살아나는 생명체들이 있는 거야
누군가의 계획인 거지
철저히 준비된

고래가 죽으면 낭비가 아니라
창조가 되는 거지
문득 바다葬이 궁금했다
검색을 해본다
구순의 엄마가 낙하를 준비하신다
뼈들은 몸에서 이탈을 꿈꾸지
굽어지는 발가락은
어디서 천 개의 뿌리를 보았는지

꽃의 자작극

꽃들이 떨어진다
바람을 핑계처럼
앞질러 가는 걸음, 걸음
간혹, 나비처럼 펄펄 날으기도 한다
꽃들은 매달리기도 했을꺼다
냉정한 허공은 더 이상의 매달림을 거부하고
봄은 자존심을 마구마구 흩날린다
서 있는 나는 가끔
두 팔을 벌리고 발끝을 허공에 세워본다
몸은 더 이상의 벽을 인식하지 못한다
꽃처럼 이쁘게 떨어지지도 못하고
맨 바닥에 구른다
하늘과 허공 사이에서
꽃들이 쳐다본다
픽 헛웃음을 뿌리면서 마구마구 떨어진다
하늘과 허공의 경계에 처박힌다
꽃 진 자리 흔적도 없다
생과 사를 조율하는 저 한가로움
거미줄에 걸린 거는
다 나를 위한 자작극이다
그리하여 봄을 보내는 나는 감격시대에 머문다

아무도 흉내를 내지 못하는
꽃잎들의 길 햇살에 몸을 누이거나
빗물에 몸을 누이거나
이건 모두 꽃들의 자작극입니다
다시, 봄이 오면 속지 않을 거예요
지가 떨어지던 동 매달려 있던 동
나는 허공에 한 바퀴 구르는 연습이나 할 겁니다
하여 나는 꽃처럼 거미줄에 걸리겠죠
머무르지 않는
그대를 생각하면서
이, 또한

누리호의 행운

나로호 1단 엔진은 진품이었다
노즐 정도만 달린 모형이 아니었다
모형을 만드는 게 번거롭고
비용이 많이 들었다
디폴드 상태의 러시아의 경제는 아주 어려웠다
붉은 글씨로 모형이라고 쓰고
실제 진품을 보낸 러시아의 실수였다
러시아 우주기업 사장은 해임되고 만다
땅을 치고 후회하는 중이다
그걸 캐고 캐고 만들고 만들고
한국형 발사체 개발에 손도 못 쓰고 있을 때였다
우주 선진국들은 엔진 기술은 절대
유출하지 않는다는 계약을 두고도
바보처럼 보낸 것이다
고흥을 가지 못하고 우주로 날아오르는
누리호를 화면을 통해서 보는 내내
떨림과 긴장으로
피의 돌기가 돋아났다
엔진 하나로 어마어마한
기술과 몇 년을 앞당긴 시간은
너무나 큰 행운의 선물이었다

꿈만 꾸고 예측만 가능했던
미래 항공우주의 시대가 열린 것이다
어마어마한 엔진 하나의 기술은
실패와 좌절을 보상해 주었다
도전하는 자만이 가질 수 있는 떨림을 안겨 주었다
나로호의 실패는 누리호의 성공으로 가는 길이었다
세상에서 가장 예민하고 세상에서 가장 복잡하고
전쟁으로 더욱 틀어진 양국 관계를 극복하고
태극기를 바라보며
수많은 밤을 지샌 이들이 있기에 가능했고
우리의 우주센터가 너무 자랑스럽다
우주 시대가 자못 궁금하다

도서관

사춘기 소녀에게 도서관은 별궁이었지
도서관 사서 지기가 되려고
국어 선생님의 맘에 쏙 들어갔지
보아도 보아도
펼쳐도 펼쳐도 솟아나는
다락방 군용모포는 꿈의 도서관 날개
시큼하고 옅은 먼지 냄새를 품으며
낯선 단어들을 마구마구 폭식하는
재미난 행간에 발목이 잠겼지
옥수수 알갱이는 조금 부드럽게
빡빡한 알갱이 그런 밀도가 좋다
입안으로 군말없이 한꺼번에
들어오면 마구마구 씹어대는 맛
분수대의 물줄기가 내 책장을 넘기듯
쑤욱 솟아오른다
희열이다
고양이의 눈처럼 조용하게
서가를 훑어내린다
책벌레가 잠든 페이지를 열어본다
새로 지어진 도서관을 탐방하는 것도 재미난다
책을 좋아하는 손녀를 핑계 삼아

고서보다는 신간이나 만화책이 버티고 있다
움츠러든 손을 뻗는다
저것도 읽어야 해
의무감처럼 집어 드는 생소한 표지
핏기 감도는 한 귀절을 깊게 자른다
너무 표면적인 언어들이다
후루룩 마지막 장을 닫는다
새로운 맛이 아니라
퓨전이군 이런 맛은 배부른 듯
아닌듯하단 말이지
분수 한 줄기 솟아오른다
물보라가 일어난다
시원하다
오늘은 여기까지

리얼돌

피그말리온은 피와 살이 있는 여자를 싫어했다고
그리이스 신화에 전해진다
상아로 만든 조각상과 결혼을 한다
껴안고 키스도 하고
사랑 표현도 하고
갈리테이아는 상아로 만든
리얼돌의 원조다
미래 세상에는 인간과의 관계보다
로봇이나 인형과의 성관계를 예언한다
미래학자의 말이니 믿어도 될 것 같다
블루코로나의 암호에 갇혀
밖으로 나다니지 못하니
성적 욕구 해소를 위해 리얼돌을 찾는 사람들
천만 원이라는 고액의 리얼돌도 판매된다니
고장난 우리 몸속에
어느새 로봇이 기여한 공로가 크다
자연스럽게 동거를 시작하고 있다
AI이나 리얼돌이나
우리는 그들을 멀리할 능력도 인정도 없다
인공지능을 가진 그들의 우월함을 자주 보곤한다
피그말리온은 신께 빌었다지

제발 인간으로 만들어 달라고
소원을 이루고 손에 반지를 끼워준다
비록 육신은 늙어 갈지라도
보드라운 살결과 따뜻한 피를 나누는 진정한
사랑을 이룬다
코로나 시대에 불거져 나온 리얼돌
누군가 또 소원을 빌겠지
'사람으로 만들어 달라고'
세상은 요지경 속이다
생긴 대로 순리대로 사는 하루도 버거운 시간의 연속이다
블루 코로나 지긋지긋하다
백신을 접종하고 나서도 이 찜찜함은 뭐야

리플레쉬

여행을 꿈꾸는 새해는 우울하고
이게 무엇인지 궁금하고
키세스 시위대라니
은색 은박지로 몸을 두른
은빛 누에고치 같고
화면은 지나치게 어둡거나
눈이 따갑다
눈을 감는다
경험하지 못한 시간들
초침이 멈춘다
아이들을 보면
유년의 기억이 오버랩된다
나를 반성하게 하고
나를 웃게 하고
내 쪽으로 밀어 붙여보고
나의 봉숭아꽃물 들인 손톱을 이쁘다 하고
아마도 봉선화 꽃을 좋아하겠다
세상의 거짓과 위선을 덮으려는 하얀 눈
서로의 뺨을 때리는
서로의 발을 걸어 잠그고
이제 아이들은 무엇을 기억하려고

티비는 종일토록
편을 가른다
새떼에 부딪힌 목숨 하나 막아주지 못하는 둔덕
시간은 옛날을 잊지 않고
태엽을 다시 조인다
리.플.레.쉬

모래 책

蘭 화분을 치웠다
여름 내내 누렇게 변해가는 잎을 바라만 보았다
코로나에 걸려 격리병동에 감금되어
죽어가면서 올린 우한 여대생 동영상에 우울했다
산소마스크를 뺏아간 사람들을 미워했다
모든 걸 놓고 있는 손을 느낀 순간
이미 늦었다
모래 책에 기록된 건 바람의 그림자였다
구전으로 전해진 소문이 무서웠다
자판을 간신히 툭툭 치고 있다
손바닥의 지문은 변하지 않았다
아무것도 기록하지 못했다
가을이 와도 늦더위는 벼를 익히느라 뜨거웠다
또 무엇을 위한 건지 장마 같은 습한 물기가
대지에 가득 차올랐다
눈을 뜨면 가습기를 켜고
침대에 누우면 에어컨을 켜고
이상한 행동을 잊지 않고 척척 해댄다
거실 창문을 닫았다
방충망을 경계선처럼 화분들을 바라보았다
아무것도 새기지 못하는 손금을 바라보듯

지루한 여름이 오고
그런 가을이 온 것 같다
화분 하나 또 시들해진다

단어는 기억이다

어쩌면 말하는 것만 몸에 배인다
기억도 혀 속으로 숨어들더니
고작, 내가 말하는 것 내가 기억하는 것만
뱉는구나
쓸데없이 기억하여 뱉은 말들이
서로의 가슴속에서 기억을 들추고
사는 거 참 거시기하다
겨울의 각질이 춘설을 위장하여
천지사방에 흩날린다
그래 고작 봄바람이란 것도 묵혀 두었던
눈이란 게 뿌려진다
춘설이라 떠들어도 눈이다
기억을 숨겨 둔 말이다
전시회에서는 따분하게 사람들의 걷는 모습
유튜브에서 유행하는 춤동작이 화면을 가득 메운다
그래도 따라 걷거나
춤동작을 끄덕이는 것은 그냥 일상의 무언이기 때문이다
거부감이 없는 기억인 것이다
말이란 것도
기억이란 것도 아껴두기엔
보잘것없는 춘설이다

미간이 좁혀진다

봄은 어렵다
줄탁동기를 기대하는
누군가의 마음이 어렵다
꽃대를 밀어 올리는 숨결
눈보라가 세차다
그게 봄을 향한 손길이다
아이는 자꾸 감을 쪼개어
씨앗을 꺼낸다
하얀 숟가락 모양의 씨앗이 나온다
신기한지 감을 또 내민다
감이 자라지 못하는 씨앗이 된다고
거부반응을 보였더니
패트병 뚜껑에 하얀 숟가락을 누인다
물 한 방울 구원처럼 내민다
기대할 수 없는 무언수행
나도 모르게 좁혀지는 미간
답을 구하지 못하는 핑계
답답한 감 씨앗
단단하게 숨어 있을 때가 좋았겠지
터져 나오는 눈보라
겨울이라고 마구마구 흩뿌린다
대책 없는 뉴스처럼

바다는 차가운 푸름이다

바다는 푸르다
바다는 차갑다
머리카락은 물미역처럼 달라붙고
따뜻한 바닐라라테도
향기 좋은 캐모마일 우린 유리 찻잔도
사뭇 떨고만 있다
무릎은 블랭킷으로 가린다
목젓을 통과하는 미지근함
누군가 물었다
아직도 詩想이 떠오르나요
네, 물밀듯이는 아니고요
수첩에 기록하는 손이 잃어버릴 만큼은
아직도 떠오르지요
나이를 먹었다고 하는데
저는 나이를 먹지 않았습니다
그저 파도처럼 밀려오는 숫자들을
모래밭에 숨겨 두었지요
한 번의 파도에 쓰러지지 않길
바랄 뿐이지요
바다가 차가운 이유 앞에서
동백꽃이 핍니다

파도가 솟아오를 때마다
고래가 숨을 쉬어요
바다가 푸르고
바다가 차가운 게지요
붉은 동백이 피어나라고

시대 유감

시시해서 말을 건네지 못하네
시시해서 시간조차 시시하게 흐르네
클레오파트라는 결국 사랑을 죽이고 만다
정의는 백신이고
거리 두기고
사람들의 정은 저만치 사라지고
자꾸만 소외되는 뉴스들
영원불변할 것 같은데
나는 아무도 이름 불러주지 않아
꽃이 되지 못하고
옴 환자를 보았네
피부 사이로 터져 나오는 피와 새로 돋아나는 살들
피가 터지게 긁어 댑니다
피가 흐릅니다
발가벗기웁니다
긁지 못하도록 철 침대에 누인 채
손발을 묶어 버립니다
새벽마다 혼절하는 그의 입술은
피딱지가 굳어 있습니다
세상모르고 입을 벌린 입속은 피범벅입니다
꺼먼 입술 속은 꺼먼 동굴입니다

차라리 구덩이를 파고 살처분을 하시죠
당연한 일처럼
모두가 봄을 기다립니다
어쩌면 총알 없는 전쟁 같은
어쩌면 기억의 회로에 현실은 과거로,
시시해서 미치겠습니다

아이의 말에 철이 드네

두 돌을 보낸 아기의 입이 열리네
아니, 귀가 먼저 열렸겠지
아무도 모르게 듣고만 있다가
봄꽃이 화르르 피어나듯이
말문이 트이더니
상상도 못할 말들을 뱉고 있네
저 조그마한 게
뭘 알겠나 싶어
회전목마를 숨긴 길을 갔더니
아빠 차 타고 안 가
단호히 내뱉는 말
결국, 손을 잡고 그 길로 걸어가네
단어를 뱉는 게 아니라
정확하게 문장을 구사한다
엄마 눈에 유주가 보이네
이렇게 말하니
대답은 대답을 놓고 만다
그냥 뱉었던 詩들이
책갈피 속에서 움츠러드네
냉장고 문을 열고
할머니 꺼 할머니 꺼

내게 맥주캔을 건넨다
우리끼리 희희덕거리며
마셨더니
엄마 하나만 따라
엄마 하나만 부어
맘대로 詩도 못쓰겠다
분명 할머니 이게 뭐야
아, 부족한 내 詩語가 부끄럽다
세 살배기 손녀 앞이다

엄마의 손톱이 반짝거리네

엄마의 손톱이
말간 진주처럼 말갛게 반짝인다
돌아가신 이모는 얼굴 화장은 안해도
손톱 손질은 엄청 진심이셨다
엄마의 핀잔을 들으면서도
언제나 다홍색 핑크빛이 빛났다
그걸 타박하시던
아흔 엄마의 손톱이 반짝반짝
못 본 척 했다
유독 손톱에 진심이던 이모
반지에 진심이던 엄마
알게 모르게 자기표현인 거지
작년부터 발 관리를 받았다
발뒤꿈치가 갈라진 샌들의 배반적 행태
앞 좌석의 귓밥이 있나 없나 살피는 습관
손톱에 마디가 없어
반지를 끼면 자주 잊어버린다
저절로 빠져 사라진다
손톱 끝 꽃물을 들이는 건
누군가의 칭찬 때문이다
여자들의 발을 유심히 보다보니

얼굴만큼 이쁘지 않아
나이가 들수록
손톱도 발톱도 고와야 하는
그만큼 무신경해지는 변방의 모습들
관리를 해야한다
아흔의 엄마 손톱이
말간 진주처럼
말갛게 반짝거린다

여름 장마

장화를 살까 말까
롱이 좋아 숏이 좋아
풀냄새 가득한 초록이 좋아
이참에 검붉은 색을 신어 볼까
오래된 고목 아래 기습적으로 솟아나는 버섯들
장마가 한철이지
사납게 퍼붓던 빗줄기들은
바다로 무임승차
신나게 두들겨 맞았는지
바다는 짙푸른 눈두덩이다
제습기는 나를 힘들게 한다
6시간 간격으로 뱉은 물을 비워내야 한다
잠시 방심하면
곰팡이들이 포자를 집안 가득 배치한다
소리조차 없는 적군들이다
지루하고 심심하다 김치를 담그자
여리고 아삭한 열무와 얼갈이배추로
짤박하게 한 통 후다닥 좋아하는 이를 위해서
껍질 까기도 힘들어 인터넷으로 배송 완료 찍고
파김치도 후다닥
남은 양념으로 마트 털어온

9개의 깻잎을 2통에 나누고
양념이 남았네
냉장고 오이로 오이 김치 완성하고
장마가 비릿한 액젓 냄새에
잠시 소강상태다
자. 어느 것부터 먹어 볼까나
콩국수 잠시 패스 할께요

원래의 모습으로

사람들이 변했다
사느라고 잊고 있었던
바빴던 시간을 들춰 보는 거지
백두산이나 대마도를 가보면
마냥 걷고 싶어진다
우거진 숲길이나
온천수 쫄쫄 고랑길이나
우리가 지키지 못해
우리의 것이 되지 못한 이런 곳들을 보면
차라리 잘 되었다는 생각이 앞선다
최소한의 편의시설 한 곳도 없는
자연 그대로
버스를 타고 걸어 걸어
그곳에 이르면
바람 소리 물소리
그곳이 아늑하기조차
귀중한 곳인 줄 모르고 나무 한 짐이나
해오던 섬이 그냥 섬이 아니었다
러일전쟁의 승전포를 쏘아 올리고
강대국 양날의 검 사이에서
웅숭깊은 기상을 숙이지 않고

힐링의 시간을 주는 베푸는 시간이 푸르다
푸르다
하늘 높이 우람한 나무를 보려고
하늘을 올려다본다
무지개가 떴다
처음으로
황홀하다

유전되는

어느 박사님이 부계 염색체 가계도를 만들었다
y염색체가 유전되는 사실에 집성촌이나
성씨를 중심으로 작성해 나간다
우연히 잡지 못한 사건의 범인 색출에 이용해 보니
맞아 떨어지는 성씨를 발견한다
인간의 몸을 구성하는 46개 23쌍
여자는 xx 남자는 xy
우리의 Dna에는 약 1억 개의 유전자가 있다
혈액, 모발, 눈의 색깔, 골격구조
우성유전자와 열성유전자
세포 분열을 통해 성세포가 분류되고
여성의 난자는 남성의 정자 y를 만나면 남자가 되고
남성의 x를 만나면 여자가 된다
확률로 태어나는 성별이다
유전질환은 x 하나만 가지고 있는
대체할 염색체가 없는 남성에게
색맹이나 자폐증의 유전질환이 나타난다
나에게 유전되는 모계 우성인자가 고맙다
나이가 들수록 튼튼함에 감사한다
아빠랑 딸은 유전 염색체가 같다
엄마랑 아들도 유전 염색체가 같다

조건은 충족하지만
반대의 경우도 생긴답니다
작은 우주가 입속에서 팡팡
혀가 놀라지요

차가운 미스트는 녹아 버렸다

입춘 즈음에 눈이 내렸다
괜히 들뜬 새벽밖으로 나온다
촉촉하고 섬세한 미스트처럼 내린다
안경을 벗고 얼굴을 내민다
죽은 자의 무덤에 환생을 빌듯
마른 가지를 꺾어 꽂아 두는 인디언들처럼
주름을 지우고 검버섯을 지우고
주술사처럼 주문을 외운다
춘설은 미스트다
꽁꽁 얼었던 땅들의 살갗에 조용히 촉촉하게 스며든다
발 관리를 하러 가는 날이다
발톱을 무엇에 부딪혔는지 시커멓게 변하더니
제풀에 빠져버린다
다른 쪽 발톱도 부딪혀 반쯤 부서진다
다시 올라오는 발톱이 곱게 나오질 않는다
손톱 발톱도 예전처럼 이쁘질 않다
도구들을 구비하고 공을 들여도
한두 번이면 게을러진다
오늘은 손톱에도 고흐의 밤하늘처럼
아주 푸른색을 칠해 보고 싶다
노란 별들은 덤으로

시간이 멍들기를 반복한다

반복 골절로 허리에 옹이처럼
혹이 생기는 물고기가 있다
탱탱하게 매달린 삶의 옹이가
씹히는 식감이 아주 좋단다
누군가의 고통이
거센 해류에 살아남으려
쉬지 않고 헤엄치고 헤엄치고
지느러미는 바다의 결을 배우고 익힌다
발걸음이 자꾸 포개진다
넘어지려 한다
보폭을 적당하게 하지 못하고
넘어지는 상상 속에
뒷걸음이 멈춰선 앞걸음에 포개진다
허리골절의 후유증이다
맛난 횟감이 되지도 못하면서
고통이 두려운거다
바깥은 여름의 결이 절정이다
능소화 목을 꺽고 꺽고
배롱나무 피고 피고
공존하는 시간들이 덥다, 덥다

사이펀
현대시인선
28

포도시

이진해

제2부

포진으로 숨어든 말들

푸른바다의 말들은 푸를까
파도는 몇 개의 입을 가지고 있을까
햇살처럼 반짝반짝 따가운 입
입을 벌리기도 전에 눈을 감아버린다
외면을 하는 거야
벌써 지친 거야
파도에 매달려 매닥질 당하는 허연 거품을 삭이는 입술
말들은 언제나 발밑에 수장되어버린다
입술 위에 포진이 생겼다
밤새 뒤척인 말들이 아무데도 가지 못하고
입술을 가둬버린다
점잖은 척 미소를 숨기고
수포를 터트리는 사람들
짭쪼름한 말들이 입안으로 스며든다
살짝 핥아 본다
나는 너의 말들이 싫어
수포에 딱지가 굳는다
바닷물에 입술을 담그고 싶네
사해를 둥둥 떠다니고 싶네

그곳은 안태고향이다

웅천읍성은 안태본이다
다섯 살 계집아이에게 성벽은 늘 높았다
사내들의 무등을 타곤 했었다
발밑에 채이는 이상한 귀퉁이들은
아버지의 술주정으로 깨진
엄마의 한숨을 담은 듯
까슬거렸다
성벽은 높았다
나무는 너무 울창해서
저들끼리의 알고리즘을 만들곤
해마다 푸른 말을 뱉었다
그리곤 쉼표 같은 꽃잎도 매달렸다
붉은 먼지를 날리던 신작로는
눈을 감게 했다
그래서인가
보고픈 이들은 눈을 감아야 보였다
이름값을 매긴 웅천읍성
城 안의 동네는 성내동
그곳은 안태본이다
왜구를 물리친 적도 없고
소꿉놀이를 했던 도자기 조각들

끝내 어려운 퍼즐처럼
잃어버린 조각 하나
아버지는
꿈속에서도 뵐 수가 없다
파아란 하늘에 길게 꼬리를 늘어뜨린
구름은 날 어디로 데려갈까
추억도 기억도 이제는 너무 멀다
하늘이 푸르다
나는 여전히 조그만 계집아이다

꿈도 이별을, 헤어짐을 아는가

재미 삼아 찾아 본 새해 운수에
부모와의 이별 수가 들어있다
믿어야 하나
부처님 앞에 미련하게
가족의 건강을 조아려본다
늘어난 꿈 하나 덧붙인다
새 달력을 꺼내어
생일부터 동그라미 그려본다
먼저 가신 분들이 보고 플 때가 있다
그래서 꿈이란 걸 기대한다
하지만 절대로 꿈속에 찾아 오지 않는다
헤어졌다고
이 세상에 없다고
꿈은 꿈이라고
찾아 오는 법이 없다
외할머니가 참 많이 보고싶다
무섭기도 하고 두려운 분이셨다
기억나는 건
저녁마다 끼니를 거르던 거지들에게
놋그릇에 담긴 하얀 쌀밥을
하루 같은 한 끼를 내어 주시던 분이다

정작 본인은 퍼질 대로 퍼진 국수 한 그릇이셨다
나는 외할머니를 닮았나 보다
자라면서 보아온 장면을 기억하는 것이다
먹는 것을 나누는 이 오지랖 말이다
대서소에 가셔서
아들 며느리 잘못한 것을 대자보에 써 내려가신다
그리곤 아들 가게 문에 붙인다
큰 가게를 하는 아들을 세상에 우사 시키신다
망신을 주시는 것이다
정말 노란신문에 대서특필하신다
외할머니를 많이 닮았다
할머니 저 오늘 할머니 노란신문에 대서특필 했어요
그리고 많이 많이 보고 싶어요

커피의 맛은 기억이다

집 앞에 에소프레스 전문 커피점이 생겼다
오며 가며 눈여겨보았다
커피의 귀족이라고 할까
아메리카노나 라떼
흔한 커피가 아닌 커피를 판다
알게 모르게 바리스타의 자존심과 자신감이 느껴진다
한번 마셔보더니
또 다른 커피를 선택하는 딸아이
결과물에 만족하는 것 같다
찾게 되고 마셔보고 끄덕이는
마시는 즐거움이 생긴 것 같다
내가 모르던 것이 내 맘에 들 때
애호가가 될 때
기호식품 하나에 즐거워지는 시간
엄마의 집 앞 커피점이
엄마와 함께 떠오르는 장면이 된 것이다
어디를 갈 때 떠오르는 장면
나는 서너 살 때 다녀간
진해 큰집이 평생 지워지지 않고
붉은 먼지 날리는 신작로를 건너
빨간 우체통을 지나

첫 번째 골목을 어림잡아
좌회전을 하니 눈앞에 큰집이 있다
나의 기억력에 작은아버지랑 사촌 오빠가
놀라워했다
아무것도 모를 줄 알았던 기억이
영화 필름처럼 착 펼쳐질 때
그 희열감이라니
기억은 어디에 숨어 있었던 것일까

커피, 반 잔 값

서울 하고도 상암동 깊은 골목 북 카페
띵똥 폰이 움찔한다
선생님의 시집 한 권이 시집을 갔습니다
인세를 보내드립니다
노벨문학상만큼 뿌듯한 문자 한 통
선택의 여지가 없는
커피 반 잔의 값이지만
스스로 리필을 하는 찰랑찰랑
넘실거리는 잔을 그려본다
목욕탕에 가면 늘 아쉬운 등짝
개운하지 못한 손길 이태리타올에
때비누를 가득 묻혀 본다
시집의 시집은 요원한 숙제다
기껏 만들어 놓아도
동인들에게만 돌려막기 카드깡
이른 새벽 목욕을 간다
움츠러든 세포를 깨우는 고문
냉탕에 흘러넘치는 물속에 잠영을 한다
좁쌀이 솟아 날 때쯤
43도의 열탕으로 뛰어든다
놀란 세포들이 제풀에 녹아난다

목욕을 마치고 나오니
붉은 햇살이 쨍하다
녹진한 몸을 뚫고 초겨울 찬바람이 스며든다
욕탕의 물속이다
허우적 허우적
마을버스가 달아난다

만우절의 유래

모르지
모르지 왜 사는지요
모르진 않지 갑자기 스스로 생을 끝내는 용기를
부럽기도 하지 생각의 지배라는 것이
먼저 행동을 해버리면 후회나 미련의 틈이 없겠지
발 없는 새는 장국영을 이른다
우아하기조차 한 마지막
만우절 거짓말처럼 다른 생을 날아오른 새
아름다운 홍콩과 어울리는 남자
해피 투게더를 다시 보거나 다시 기억할 때
패왕별희를 다시 보거나
가을비 같은 차갑지 않은 그런 비를 맞을 때면
검은 우산처럼 나타나는 영웅본색의 웃음들
일본 영화는 딸들을 바닷가 호텔로 부른다
지금 이 순간 행복한 순간을 느낀다며
딸들에게 생의 작별을 고한다
분노하거나 날뛰던 딸들은
결국은 엄마의 마지막을 받아들인다
이해한다
살아가는 동안 기억될 마지막을
스스로 선택한다는 것은

대단한 용기이자 자기애 인 것 같다
영웅본색을 찍은 사람이니까
영웅처럼

수목원의 敍事

입구의 경계를 두르기에는
붉은 맨드라미의 키가 작았다
솟대조차 너무 작아
건너오는 바람이 느리게 지나간다
남천 열매는 그래도 붉었고
화살나무 잎도 붉었다
이국의 하늘을 보기에는 종려나무 어리고
누군가의 흔적을 싫어하는 조팝나무 옹기종기
가지치기를 넘어선 수국더미의 삭발 행위
용케 버틴 나무수국 폰에 담아둔다
지나치는 허브길
가을 자귀나무 역시 보기 좋다
왕벚나무 아직 먼 봄을 기다린다
위성류라 부르는 이끼 나무 신비롭다
허공을 향해 축축 늘어뜨릴 뿐
어딘가로 기어오를 수가 없다
팽나무의 두툼한 밑둥은 늙은이의 엉덩이처럼
골이 깊다 많이 깊다
떡갈나무 갈참나무 팽나무 서로 사촌들 같다
간만에 보는 호랑가시나무
단풍나무 굴참나무 산수유는 가을처럼 가득 찬 듯 비어

있다
　멋진 신사같은 은사시나무 나를 흔들고 모른 척이다
　신비한 예덕나무 앙증맞은 은목서
　계절을 잊은 노란 민들레
　후후 불어서 바람에 날려본다
　어제나 오늘이나 모든 걸 내려놓은 느티나무
　대왕참나무 줄참나무
　나무도 이름에 걸맞다
　이팝나무 배롱나무 좋아하는 나무들이다
　괜히 쌓인 낙엽을 툭툭 걷어차며 걸어본다
　소나무는 여전히 푸른다
　천 개의 바람 속에
　천 개의 눈이 숨어 있다
　수목원의 푸른 敍事다

시간 속의 시간

몸이 기억하는 것들
유난스럽다고 누군가 흘낏거린다
새벽마다 절집을 지난다
담장 하나를 두고 절집이 있다
새벽이면 누군가의 촛불이 타고 있다
담장 너머로 삼배를 올린다
어디를 가야 하고
무엇을 해야 하고
누군가의 지시가 없어도
엄마의 등 뒤에서 익힌 것들
스스로 터득한 것들
어느새 굽은 등이 기억하는 습관이다
가끔 손녀를 데리고 절을 하면
곧잘 따라 한다
이런 거다
물려주는 습관이다
나중은 모른다
하지만 시간 속의 시간들이
스스로 물러나지 않는 이상
습관처럼 두 손을 모으고
나를 비우고

너를 비우고
우리가 들어 올 것이다

연애편지

지인이 나의 필체를 보더니
연애편지 꽤나 썼겠네요
네, 네
대답이 가상하다
학창시절 친구들 연애편지
대필 엄청 해주었죠
월남으로 가는 위문편지는
똑같이 베껴서 나누기도 했다
답장이 오면 또 그 답장에 맞게
시리즈는 계속
정작 나의 연애편지는 있었나
내가 서 있는 대기 줄보다
다른 쪽 줄은 앞으로 앞으로
후회 살짝 이런 줄을 잘못 섰군
태어남에 줄이 있나
내가 잘못 선거야
위로도 하고
어떤 줄을 고르기가 무서운 요즘
그냥 그냥
해 뜨는 거처럼
그냥 그냥

달지는 것처럼
아주 쉬운 세상살이야

옛날이야기

여의주를 가지지 못한 용이 있었지
제물로 바칠 염소 한 마리
품었지
잘라도 자라나는 뿔 위에
붉은 모자를 씌웠지
밤낮으로 달리는 말을 키웠지
꼬끼오 소리도 없는
암탉 한 마리
기타를 둘러메네
용을 이기려고
말은 달리고
모르는 척 사바나의 초원을 꿈꾸는
염소는 하얀 수염이 자라네
기타는 더 깊은 소리를 찾아 떠나네
문간을 지키던 아주 늙은 개는
찰밥 한 덩이 너럭바위에
던지라고 소원을 비네
원죄를 사하노라 뱀이 기어드네
대웅전에 머리를 조아리네
공양간에 밥물이 뚝뚝 떨어지네
돼지가 냄새를 맡느라

코를 벌름거리네
점잖은 소 한 마리
기타의 깊은 소리처럼
음메 하고 울고 있네
옛기타의 선율이 좋은 곡조로 변조를 하네
옛날에

허수아비

낙상을 빌미로 쓰러진 엄마
구순을 넘겼다
팔 하나 가누지 못하는 허. 수. 아. 비
지친 기색은 입가에 흐르는 침
하고 싶은 말이 자꾸 녹아든다
사는 게 절찬리 상영 중이었던 나날들
빈 필름만 꺽꺽대는 영사기
더 이상 돌아갈 시간이 없구나
매화는 지천으로 피었고
벚꽃처럼 흩날리는 후회들
년초에 토정비결을 보는 게 아니었다
엄. 마.
질긴 인연
질긴 사랑
누구도 이해할 수 없는 시간들
철부지 고2의 무전여행을 허락해 준
그 아슬한 시간의 사랑은 어떻게 성립된 방정식인지
답이 없어요
바다로 나가 봐야겠다
물속에서 함께 숨 쉬던
하나의 몸이었던 시간을 게눈 감추듯

윤슬이 반짝이고
바다는 푸르니
푸른 시간이다

화성으로 가자

어제는 추운 겨울이었다
하루 사이에 24도를 넘는 날씨다
비가 내리고 싹이 트는 雨水가
달력에 걸려 있다
너무 오래 걸어서 닳아버린 무릎
너무 오래 닫혀서 굳어버린 말
너무 오래 갇혀서 기억이 가물한
돌무덤 아래 그대들
너무 오래 빛난 별들
너무 오래 떠 있는 달
너무 오래 숨 쉬는 바람
3만 개의 데이터에 불과한
바이러스에 무너진 지구
가장 단순한 생명체가
가장 복잡한 생명체를 위협하고 있다
무형의 물질을 보지 못한
결국은 A1만이 답일까
퍼시비어런스의 공포의 7분
화성의 바람 소리
그런 기별이 왔다
거기, 누구 있나요

생명이 살 수 없는 붉은 행성이
지구인의 미래다
돈 있는 자들부터 집을 짓겠지
넷플릭스 영화처럼
우주를 떠도는 쓰레기는
총알보다 빠르다
유인우주선의 생명을 위협한다
또 다른 위성에 충돌하면
우주는 쓰레기로 넘쳐난다고 한다
우주를 떠도는 낡은 우주선을 수거하면서
미래를 미래라고 말할 수 있을까
칵테일을 만들듯이
바이러스를 섞어가며 실험을 하는
개자식들의 전과가 두렵다
아, 테스형
세상이 왜 이래요

은둔형 외톨이

히키코모리라는 단어는 일본어다
이웃 나라의 가십거리는 심심찮게
혀 속을 맴돌았다
관계 맺기가 불편하고
비대면이 미덕이 되어버린 현실
소중하거나 보고픈 사람도
비대면이라는 구실로 볼 수가 없고
학교생활, 직장 생활은
팔 길이만큼 멀어지고
따뜻한 말[言]은 마스크 속으로 숨어버리고
편의점에 들러
최소한의 끼니를 보충하고
혼자만의 동굴 속으로 숨어들고
관계 속에서 맺어지는 모든 것들이 상실되고
모이지 말래요
부대끼며 생겨나는 정이 사라진다
모두가 투명인간처럼 지나간다
밖으로 나가기가 두려워진다
나 스스로
비대면의 후유증으로 은둔형 외톨이가
될 것 같아

꿈 좌절형, 회피형, 크리에이터형
어느 쪽으로 자꾸 기울여져요
불안해요
무서워요

천 개의 바람이 되어

천 개의 바람에 자라는
천 개의 뿌리들
부처님의 설법처럼
엄마의 잔소리처럼
하나의 아침 바람은 하나의 뿌리가 되고
하나의 저녁 바람은
뿌리를 거두어 매듭을 짓고
기울어진 담벼락을 지탱하고
이끼 낀 강물의 유속을 붙잡고
한 개의 바람을 가두면
한 개의 뿌리가
나를 실어 나르네
저기 반딧불 반짝이는 어둠 속에서도
뿌리는 나를 붙잡고
강물을 붙잡고
하나의 아침을 준비하네
어둠을 지키는 하나의 뿌리로
반딧불이 반짝이네
천 개의 바람에 자라는
천 개의 뿌리
누군가의 날개처럼
가렵다고 긁적거리면

푸른 코끼리

푸른 코끼리다
본듯한 친숙함과 묵직한 외경스러움이 공존하는 푸름이다
잠시 잃어버린 갈 곳 없는 걸음이 하늘 향한
수영2호교에서 본 고래의 표정과 오버랩된다
필시 전생이거나 현생이거나
서로 닮은 유전자가 있다
거대한 울음을 하늘에 가둔 푸르름
하늘은 바다처럼 푸르다
거꾸로 자맥질 하여도 무방하다
불쑥 나타나는 도마뱀이 오히려 거추장스럽다면
찾아 가는 서비스를 풀가동시키는 능청스러움에
엎드려 기도를 하네
너의 전생에 나는 서늘한 한 줄기
바람이었기를
목마름을 버텨주는
때로는 너의 피를 돌게 하는

발레는

내 것이 없구나
속살을 비벼대던 이는
영화의 엔딩컷을 남겨두고
폰으로 부고장을 날렸다
내 것이 없구나
구름 한 조각도
회한을 쓸어가는 바람조차도
아주 야윈 늙은 길냥이가 지나간다
가방을 뒤져본다
먹다 남긴 부스러기 한 조각 없다
윤기 없는 뒷모습에 미안하다
입동이다
손이 먼저 느낀다
바세린으로 도포를 한다
흙 침대 온도를 높인다
이불을 뒤집어쓴다
무엇을 해야 하는데
가진 게 없구나
이제 꿈조차 가질 수 없구나
가만히 두 발을 허공으로 올린다
한때의 꿈이었다
발레는

다름과 주책은 같다

가끔 내가 싫었다 확실한 완벽주의도 아닌데
나는 MBTI에 의해 분류된다 그렇게 모든 성격이
어정쩡 하다 타인의 눈에 보여지는 것을 숨겨도 본다
손녀들을 보면 깜짝 놀란다 식습관이 닮아 있다
아니겠지 아이들의 성품이 자라나는 거겠지 하면서도
약간의 결벽증과 완벽주의를 가진 첫째는 나를 닮았다
나의 잘못된 성격을 직접 보는 느낌이 아프기도 하고
흐음 그렇지 하며 웃곤 한다 숨겨도 나타나는 것들
나와 확연히 다른 성격이 좋았다
드러내고 숨김없이 표현하는 나와 다른 이를 선택했다
살아가면서 너무 활달함이 어떤 때는 진짜인가 하는
의심이 생기더니 급기야 아이구 주책이다
가끔은 좀 숨겨도 좋을 것들을 토해내는 배짱이 싫었다
둘째는 표현에 능한 것을 닮은 것 같다 춤추고 노래하는
것을
 나는 그것 또한 주책으로 보였다
 그러나 아이의 재능인지도 모른다
 나는 아이의 태몽을 숨겼다
 다름과 주책은 어쩜 같을지도 모른다

나의 명찰

이름이 무얼까
이름이 나일까
나는 내 이름이 너무 통속적이라 싫었다
반 급훈이라고 불리워지는
선생님들의 호출에 신경이 쓰였다
누군가의 이름을 가만히 불러보는 그리움들
삭제시키고 싶은 이름들
여럿이 한 묶음으로 분류되는 여자들의 속성처럼
이름이 그 사람을 기억하는 도구가 되는
시인이라고 시집을 출간하는데
내 이름이 시인에 어울리지 않는다고
眞奚라는 필명을 주신 스승님
나는 이 이름이 좋았다
안태 고향이 진해인 줄 모르셨다는 말씀에 전율이 돌았다
한글 발음이 똑같다
유난히 무더운 여름
무서운 이름 하나
일본 방사능 오염수다
원폭의 피해자인 그들의 아픔과 미움이 오락가락한다
손녀 둘의 이름을 내가 지었다
골드 레코드에 기록되는 그런 이름을 꿈꿨지

꿈으로
그래도 옥편을 펼쳐 들고 고심을 했다는
엄마의 말을 진심으로 사랑한다

종이배

낮에 뜬 달은 하얗다
종이배도 하얗다
모션 그래픽처럼
멀리서도 나를 지켜본다
너를 껴안고 싶다
여전히 눈을 감은 너의 침묵
어린 시절을 접어
물에 띄운다
물이 찰방거린다
기울기를 고정한다
하얀 종이배 속을 아무리 뒤져도
너는 보이지 않는다
어디 멀리 숨어버린
추억을 뒤적거린다
눈물처럼 스며드는 기억
영화를 보고 있는데
자막을 에워싼 애매한 이름
이름을 부르던 사람들
또 다른 이별이 발아래 다가와
슬픔의 자막이 된다

제 3 부

YDG

YDG를 좋아한다
춤을 추거나 노래를 하거나
연기를 할 때면 자기 자신을 테스트하듯
정신과 육체가 합을 이룬다
항상 그가 궁금하다
어딘가에 집중하면
신기하게도
또 다른 폼이 나온다
자신이 몰랐던 자기 자신을 불러낸다
느낌 아니까
잠자고 있던 나를 상상해본다
진주목걸이처럼
흔하지만 고급스럽다
포장도 안 뜯은 상품이다
세상을 즐겁게 하는 에너지다
즐 · 겁 · 다

자가격리

댄스를 배우고 싶어요
탱고에 블루스에 살사에
땀이 끈적입니다
마지막 블루스 음악처럼
커다란 욕조에 누워
발을 치켜듭니다
꿈꾸던 발레 동작을
가만히 첨벙거립니다
보이스피싱 문자처럼
은밀하게 코로나 검사를 요구합니다
마지막 발레 동작이 삐끗합니다
탕 속에서 버무린 땀들이 어색하게
말라버립니다
못 본 척합니다
아침저녁으로 체온을 재고
미처 채우지 못한
냉장고 털이를 합니다
나프탈렌 냄새가 배인 옷들을 수거함에 던집니다
아껴둔 땡땡이 블라우스는 입어보지도 못한 채
땡땡이 같은 이별을 땡땡
비대면의 안부와

비대면의 음흉함과
비대면의 숨소리가
샤워기를 지나 하수구로 사라집니다
비가 오면 저것들이
마구마구 살아날 것 같아
흡혈귀처럼
코로나는 서로 물어뜯고 통성명을 하는
바코드처럼 마구 찍혀요
아이스크림의 달콤함을 음미해요
밥맛을 잃어버린 미각을 위해
식어버린 굳은 밥으로 식혜를 만들어요
보온을 터치하고
티비를 켜고 지루한 일상은 35.9도
공기가 습해요
비가 올 것 같네

낙원상가

낙원상가에 가고 싶었다
서울에 있는
비둘기의 서식처가 된
그곳에 가고 싶다
4월의 꽃바람 속으로 떠나는 사람들
그리움은 영원할까
이별의 시간은 영원할까
그곳은 낙원상가인가요
살아남은 자의 눈물은 모래시계 같다
눈물이 마르면
누군가 친절하게 뒤집어 준다
낙원상가의 오래된 전축이나
낡은 기타에서는 블루선데이가 흐르고 있나요
배경음악처럼요
낙원상가에 가봐야겠다
비둘기 울음소리 신호로 하지
그대 잠깐 높은 음이나
아주 낮은 중저음으로 허밍을 해주오
누군가 버린 단단한 콩깍지에서 꼬리가 나오듯이
그 잎 자라 잭크의 콩나무가 되어
거기 다다르는 사다리 되는
낙원상가에 가고 싶다

닿고 싶다

닿고 싶은 숨결에
손잡아도 보고
눈꼽도 떼어 보고
마르고 말라
동해 물과 백두산이
사는 게 꿈이구나
걷는 게 사랑이구나
이제 끝나는 시간은 지루하다
비루하다
자꾸만 보채는 말들이
숨겨 둔 말들이
그냥 쏟아지는구나
마른 무화과처럼
단단하게 여문 꼭지는
열 수가 없는 자화상
화가가 귀를 자르고
옥수수밭에 숨어버린 것을
노을만 붉게 타네
머릿속으로 날아든 총알
죽이지도 않고
시험에 들게 하는
하기 싫은 닿음, 닿고 싶다

몇 센티미터

내 감정과 너의 감정 사이에서
두렵거나, 불안하거나
항상 그렇다
어떤 날은 쏟아진 죽이 되어 주워담을 수가 없고
어떤 날은 데드라인 가까이 꽃이 핀다
일몰의 거만한 자존심이 부럽다
자꾸 날 묵언으로 가두네
하루가 붉거나 빛나거나
거대한 꼬리를 펼치며
서서히 사라지는 깊은 숨소리는
파도 속으로 잠행을 한다
대놓고 사라지는 그림자는 붉다, 붉다
차도에 누운 노숙의 걸음을 숨긴다
꽃이 떨어진 자리에 꽃이 피듯
가는 자리에 펼쳐지는 그리움
눈물이 가질 수 없는 붉음
볼 수는 있어도 손잡을 수 없는
그래도
손 내밀어 봅니다
후회처럼 자꾸 떨리거나 불안합니다
누렇게 변색 된 종이 냄새가 좋거나 혹

쳐들어오는, 기억은 파도 같은 감정을 밀어내지 못해요
오늘은 뭘 해 먹을까요
무딘 칼을 항아리에 대고 쓱쓱 벼립니다
맛난 요리를 시작합니다
감정은 맛을 압니다
칼날이 살아있는 칼 한 자루 사야겠어요

문을 열 수가 없다

문을 열 수가 없다
기억인지
조작된 것인지
손가락이 가는 대로 꾹꾹 누른 번호는
문을 열지 못하고 있다
머릿속 회로가 정전이 된 것 같다
딱히, 떠오르는 숫자도 없다
아니 그 숫자를 누르는 자존심이 멈췄다
무엇인지 인지조차 안되는데
머리는 너무 가볍다
외우고, 기억하고
꾹꾹 누른 회로를 비운다
그러자
커피숍으로 갈까
시장을 기웃거릴까
머뭇거리던 발걸음이 향한 곳은 청사포다
독사 아가리인지 푸른 모래인지
기억나는 비밀 숫자를 파도에 던지운다
1초도 안 되는 짧은 순간이 장자의 나비처럼
태평양을 건너고 대서양을 건너고
그리운 이들의 이름이 서먹해 질 때쯤

그때가 좋겠다
바다 너와 함께 우는 날은

물의 시간

물은 펼쳐지지 않는다
그냥 보란 듯이 길게 혹은
넓게 펼쳐져 있다
유유히 기다린다
누군가의 물수제비 같은 물의 시간
누군가의 노를 스치는 시간
밤이면 수상족이 반딧불을 찾아 떠나고
그 고요한 물빛 시간은 어둠으로 숨어든다
펼칠 수 없고
판독할 수 없는
물빛 고요한 시간을 채운다
하늘을 보면 하늘을 담고
구름을 보면 구름을 담고
신기하게도 물은 쓰러지지 않는다
바람은 코끼리 울음소리를 던져 주고 사라진다
비밀의 푸른 화원 속에는
수많은 비손이 그들을 건져간다
엄마도 그 밤에 연꽃 한 송이 건네받고
뭍을 나왔다
그 푸른 물의 시간 속에 건져 올린
나의 시간이 아직도 흐른다
고요한 물의 시간을 바라본다

술을 마신다

술을 못 먹는 줄 알았다
화해랍시고
술잔을 건네는 그런 사과가 싫었다
술이 술을 태워서 마약을 만들고
효모에 매수당한 쓰디쓴 목울대를 뚫고
혈뇌장벽을 뚫는다
효모가 살아가는 방식이다
다만 부산물로 술이 만들어지고
메탄올은 다른 균을 죽이고
숙취를 부른다
무더운 여름날 객실에 둔 맥주를
선채로 마셨다
그 시원함과 짜릿함이란
술을 마신다
슬픔과 고단함은 버리기 힘든 효모균이다
기억이란 균이 사라진다
알 수 없는 눈물이 벌겋게 뇨의처럼 흐른다

MBTI 테스트

하도 유행하길래
나도 MBTI 테스트를 해보았다
이상주의자이고 원칙주의자로 나온다
이런 이렇게 정확하다니
옹호자이면서 몽상가
창의력과 섬세함이 마음에 드네
내향적 성격이다
선한 의도는 비판을 받는다
반대파가 득실거린다
상처를 봉숭아 꽃잎으로 감춘다
첫눈이 올 때까지
마틴 루터, 넬슨 만델라가 이 유형이다
자신을 챙기는 일에 시간을 할애하길 권하네
네 알겠습니다
잡담을 싫어하고
이상에만 집중하느라 번 아웃으로 스트레스를 받는다
옹호자이면서 몽상가인
그대여 간이 좀 더 커져야겠다
면역력이 저하되지 않도록

오, 오, 오 어디로 갔니

허리가 굵어지는 건
의외로 자존심이 상한다
시가 게을러진다
매일 들여다보던 책들이 먼지랑 사투를 벌인다
1층 우리 집에 오면 아이들은 뛰어다닌다
17층 위에서 제지당한 움직임들이 많다
노터치라고 외치는 음성을 기억하듯
나의 키보드는 마구마구 혹사당한다
흡사, 피아노 건반이 된다 아주 신나게 두들긴다
차일피일 미루다 한 줄의 詩는 날아가 버리고
우물쭈물하다 놓쳐버린다
메모를 하지 못한 詩語들이
허공을 빙빙 핑계랍시고
키보드 글자를 빼버린 아이를 탓한다
아무렇지 않게 두들기던 오자
사라지니 아주 불편하다
詩가 안된다고 위안을 한다
오, 오, 오, 어디로 갔니
詩가 안된단 말이야

오늘부터

그런 결심 그런 행동을 구태여
하지 않았거나 하지 못했다
그냥 일상처럼 살아가거나 살고 있지 않나
참 이상타
아무도 알려주지 않는 일상의 순간들
일어나고 일하고
먹고 자고
오늘부터 안 하면 그만인 게야
심심하면 총을 겨누고 달러가 치솟거나
엔화는 떨어지고
이참에 여행을 가자
누구의 편도 되지 못하는 세계는
뉴스의 끄트머리에서 발작을 한다
급발진을 밝히지 못하는 자동차의 속도처럼
밤새 꿈을 짜집기 한다
오늘부터라는 단어는 모호하다
결심을 나누지 못한다
익을 대로 익은 감들이 지상으로 추락한다
어쩔 수 없다
그것들은 그것들대로 이유를 줄 필요는 없다
총알을 장전하라고

누구를 겨누시게
모르지
오늘부터 세상이 추락하거나 뒤집어질지
오늘은 오늘부터라고
내일 아침도 오늘부터로 옮기는 거지
그런 거지
단어 '오'가 달아났다

오래 기억될

그게 무얼까
버즘나무라 불리우는
플라타너스를 보니. 자세히 보니
그건 나무의 상처 같다
거울 속에 흰머리가 염색을 부른다
얼룩얼룩한 것들이
잡것들이
베란다에 던져진 무심한 책들에
검은 상처가 피어났네
오래오래 기억될 거라고
박스에 차곡차곡
긴 폭염에 기웃거린 나는
그것이 책이 아니란 걸 알았다
머릿속에 저장 하지 못한 말들이
검은 상처로 나앉아
분리수거를 한다
오래 기억될 거라고 숨겨 둔
검은 언어들을
한 줄도 살리지 못하고
비지땀을 보태 수거장으로 향한
소복소복 쌓인 雪을 보러 가야지

아 참, 그곳도 여름이구나
그래서 덥다네

자각몽

가끔 잠에 들 때
꿈을 꾸려고 한다
꿈 일기를 쓰고 싶었다
현실이 아닌 꿈
흥분하지 않고 그를 만나는 거
공중에 붕붕 떠서 마주하는 거
뇌를 비우는 거
흐릿하거나
꿈이 깨려 하면
꿈의 다락방에서 안경을 꺼낸다
꿈이 꿈이란 걸 느낀다
메타 버스를 타고 선거유세를 한다
가상의 현실이 아쉽다
먼 곳에 있는 아들이 그리운 아버지는
같은 호숫가에서 낚싯대를 드리우고
물고기를 잡는다
잠이 들 때
꿈을 꾸고 싶다
너를 보고 싶다
나를 보고 싶다

잿빛 물감에 베이다

어린 왕자의 장미나 왕관도 없다
성가신 바오밥 나무도 자라지 않는다
탈출을 꿈꾸던 바람도 분화구에 쓰러지고
외로움에 창백해진 모습을 감추러
습관처럼 각을 도려내고
번잡스러운 별을 피해
애꿎은 사막의 도마뱀을 난도질한다
아무도 쳐다보지 않는다
사막에서 덮고 잘 수 있는 것은 별빛뿐이다
해작거릴 수 있는 것도, 도마뱀의 꼬리뿐이다
부르튼 발을 쓰다듬으면 서러운 눈물이 흐른다
비[雨]라는 이름과 한 보름 사랑을 나누었다
유랑하는 깽깽이 소리가 들리면
벗어날 수 없는 生과 滅의 시간에 알몸을 포갠다
바늘만 날카로운 꽃시계처럼
열두 달 이별의 자리에 아프게 박제된다
제 외로움을 불리며 일렁대는 모래바람
젖은 그림자에 잿빛 물감이 배어든다
머리 어깨 무릎 팔
노래 속으로.

잠이 든 바람

바람 소리, 구름 같은 그 소리를 듣지 못하고
아니다 보지 못하고
바람을 기다리는 푸른 竹은
기다림에 몇 그루씩 잠에 무너지고 있다
잠을 깨우는 바람 소리
구름처럼 흩어지네
뾰죽이 자란 바람 소리 뾰죽하게 서 있다
저 홀로 푸른 줄 알고
푸른 잎으로 장막을 치고
아바의 노래에 빠져
하루 종일 리플레쉬
맨발은 너에게 보이기 싫어라
다만 늙어버린 육체는 스스로 훌훌 벗더라
고승이 마신 귀한 감로수
그건 그냥 흘린 땀이야
네 앞에선 흘리는 땀조차 부끄러워
나도 벗어버리네
바람을 감추고
푸르다고 우기는 竹
네가 푸르게 자라는 동안 달빛은 눈을 감았겠지
바람 소리는 바람 소리

푸른 바람은 숨어 울고
나는 들은 척 슬그머니 걸음을 옮겼지
그리고는 곤한 잠에 들지
더운 여름이야

적과의 동침

너무 잘 알거나
너무 잘 모르거나
안다고 생각하거나
모른다고 눈감아 버리거나
여자들의 관계
특히, 딸이나 며느리 관계는 어렵다
나를 안다고 생각하는 말투들이 그렇다
내 마음과 전혀 다르게 해석하고는 이해하는 척
상대방이 눈치챌까 봐
그냥 두리뭉실하게 숨기는 감정들
엄마의 진심을 모르고 살아온 세월이 길다
엄마는 그냥 내 편이었다
이제 구순의 나이에 감정을 날카롭게 들이밀 때
당혹스럽다
엄마를 다시 바라본다
이게 본 모습일까
내가 원하는 것에 토를 다는 딸아이의 모습과 닮아있다
그것 또한 나일 것이다
살아가는 시간이 흘러도 변하지 않는 모습
알고도 모르는 척
적은 네 안에 있고
적들을 사랑한다

점유의 방정식

퍼스널 스페이스
혼자 있기에 적합한 시간의 공간
컴퓨터에 새로운 문장을 입력하거나
도서관 서가의 쿰쿰한 책 냄새
하늘에 떠가는 구름 한 조각
누워서 티비를 보는 낮은 파란색 쇼파
베란다 창틈으로 보는 수국 더미의 안부
능소화 빛 저고리 고름을
버리지 못하고 좀약을 숨긴다
누군가의 글 한 줄이 점유공간이 되어
- 詩를 짓느라 애쓰는 것 보다
詩처럼 사는 게 -
작지만 확실한 행복
오늘의 점유공간입니다

온시디움◆

비를 맞아야 한다고
화분을 옮기다가 그만 깨트려버렸다
온시디움이 아까운게 아니라
깨뜨린 백자화분 때문에 며칠을 앓았다
경산 와촌에서 어렵게 구한 화분이었다
미끈하게 빠진 허리며
날아갈 듯이 뽑아 올린 학의 날개
허리에 철사를 두르고
수술을 했다
작은 화분을 꽃 대신 꽂았다
곁방살이다
곁에 화분들이 눈치를 하던 말던
조강지처라 부르며 아끼고 있다
가끔 화풀이를 내게 못하고
화분에다 대고 '어이, 조강지처'
큰소리를 질러대는 남편의 화풀이감이 되었다
천상, 조강지처라 할 수 밖에
깨진 조강지처가
보기 싫다고 버릴 수 없는
조강지처를 데리고 산다

◆ 온시디움 : 커피향이 나는 서양란

불꽃

무엇을 기대 했을까
화려한 불꽃들이 낙화처럼 바다로 뛰어드는데
그냥 속절없이 떨어지는데
뜨거울 때
너의 가슴을 밀어내어야 했다
그것이 죽음보다
깊은 상처였음을
노래만 흥얼거리고
가슴을 풀어헤치고
푸른 인당수로 착각한 첫사랑이여
불꽃은 뜨거움을 모르나 보다
불꽃은 추락하는 것을
어쩜 낭만이라고 여긴다
날개도 없으면서
무진장 타오르는 낭만을 베푸는 아이러니
끝까지 가보지도 못한 하루살이
전기 충격기를 모르지
너를 보는 나는 저릿저릿
아무런 명분도 없이 손가락을 걸고
사랑을 맹세한다
온몸이 타올라라

봄이다

보도블럭 비좁은
아니, 먼지 같은 공간 사이로
고개를 디밀어 보는 잡초들
봄이구나
濕雪처럼 축축하게 쌓인 겨울의 두께
그리움인 줄 알았다
새벽마다 머리를 조아리는 소원들
가슴 한복판에 내려앉은 소화 장벽
먹는 게 겁이 난다
내 입에 맞지 않으면 손이 움직이질 않는다
그건 오랜 습관이다
혼자 자란탓이다
과자는 개봉해 놓고
새월을 넘겨도 보았다
누렇게 변색 되어 버린 책갈피
삭아져 손으로 넘길 수 없다
놓지 못하는 지난 시간들
봄이라고 붉은 꽃몽오리
젖몸살을 앓고 있다
가슴 풀어헤치고 꽃대에 햇살이
문신처럼 온몸을 휘감을 때

봄이다
위내시경 검진을 신청한다
봄이다

꽃은 꽃이다

봄비에 일찍 핀 벚꽃이 어디로 가는지
차 위에도
도로 위에도
내 신발 밑창에도 달라 붙어있다
압화처럼
떨어진 꽃들이 처연하다
빗줄기 고랑을 따라
옹기종기 띠를 이룬다
백군 청군도 아니고
꽃들이 마지막 궐기를 꿈꾼다
이쁘다
떨어져도 꽃은 꽃이다
절집 마당 한켠에 놓인 불전함에도
어여쁜 아이의 비손처럼 곱게 다비를 한다

다시, 봄 1

잊었던 문우의 시집이 도착했다
우편함 속에서 그녀의 미소처럼
잔잔하고 고요한 표지가 좋다
핑계였다
절필은 자존심이고
다작多作은 게으름이 먼저 다가오고
詩 한 줄이 얼마나 고맙고 소중한지를
이제 깨닫는다
내게 주어진
내게 남겨진 시어들을 벗기고 씻기고
살찌우고 다듬어야 하는 일이
얼마나 고마웠던 시간들이었는지
눈 감으면 떠오르는
쫄깃한 페이지를 위해
다시, 엮어야 한다
그리움이 더 깊어지기 전에
숫자를 누르지 못하는 비밀번호를 기억하지 말자
머리보다 먼저 앞서는 키보드 위의 손가락은 기억만땅
이다
야호,

봄은 또 지나가고

영도 할미가 며느리를 데리고 온다고
비바람이 봄의 길목을 사납게 후려치더니
밤새 꽃들이 거짓말처럼
화르르 화르르 피었다
누군가 부채를 쫙 펼치곤 가버린 듯
목욕통 바구니를 들고
목욕탕을 가던 걸음이
그대로 청사포로 직진한다
문득, 결석 한번 해본 적 없던 여고 시절
밖에는 초여름 비가 내렸다
아프다고 조퇴를 했다
걱정 가득한 선생님을 뒤로 하고
해운대 바다로 향했다
온몸 가득 비를 채우고
집으로 왔다
나도 나를 어찌지 못하고
괴테와 니체에 푹 빠졌던
정신과 육체의 융합과정은 과히 폭발 직전이었다
가끔씩 궤도 이탈을 하는 아이들을 보면
그것도 유전인가 보다
속으로 다독다독

아이들은 돌아온다
폭발의 경험을 온몸으로 느끼고
누군가 시킨다고 할 수 있는
진실이 아니다
봄은 또 지나가고,

어디서 왔니

숲길을 지나거나
바닷가 기암절벽을 보거나
문득 하늘 위 구름 한 조각을 보거나
아스팔트 시커먼 곳에 꽃을 피운 민들레
가끔 이해하기 어렵다
그냥 바라본다
잠깐 내 것인 양
차경도 해 본다
내 입을 벌려 들여다보는 40개월 손녀
'할머니 입속에 보석이 박혀있네'
맙소사 할머니의 충치를 그렇게 이쁘게 말하다니
너는 누구니
너는 어디서 왔니

꿈이야

느닷없이 중후한 남자가 막아서더니
문을 열어 준다
놀라서 눈을 떴다
꿈이다
웃음이 나온다
이거, 꿈이가
로또 꿈이가
웃음이 나온다
찐한 커피가 땡긴다
묘한 꿈을 꾸고 나면
현실도피가 스멀스멀
2월 초입인데 홍매화가 가득 피었더라
그 풍경을 잠시 차경했을 뿐이라
행복한 꿈이다
봄이다

비를 걷는 밤

잠이 없어졌다
원래 잠이 없는 편이다
쿠쿠 압력솥
밥짓는 소리처럼
빗소리가 들린다
60층 고층 아파트를 올려다본다
목이 아프다
쿠쿠 소리가 요란하다
그냥 쿠쿠 소리만 듣기로 한다
비의 소리처럼 헷갈린다
한쪽으로 기우는 샌들의 밑창이
위태롭다
우산을 꽉 움켜잡는다
쿠쿠 소리를 따라 입을 쭉 내밀어본다
비 오는 밤이다

산다는 것 살아가야 하는 자존심이다

좋아하는 배우가 마약 의혹에서 벗어나지 못했다
번개탄으로 번개처럼
생을 굿바이 했다
젊은 아내와 콧수염이 자라나는 아들을 두고
떠났다
각종 찌라시와 유언비어들
한 잔 술이 원수였다
사람 좋아 모두를 품었다
화근의 뿌리구나
천 개의 바람은 천 개의 뿌리로 자랐다
나의 자존심은 시궁창에 버려진 휴지조각
자꾸 녹아내리네
건져 올릴 수도 없는 저 냄새들
한 송이 연꽃으로 숨어버리자
그 집은 허물 수가 없다
천 개의 뿌리는 집을 혹처럼 달고 산다
나이테는 나무의 자존심이다
깊게 새겨진다
바람 한 줄
또 뿌리가 자란다

詩

가만히 두면 사라지는 것들
별. 달. 구름. 바람
가만히 두면 사라지는 기억들
꿈. 마주 잡았던 손

가끔은 멀리 가거나 낯선 곳은 외롭습니다
아무런 말도 해 주지 않는 손금을 들여다봅니다

희미해진 손금에
막 깎은 손톱으로
서각을 합니다

詩는

詩는 밤에만 머물까
꼬리 아홉 달린 여우처럼
실체는 보이지 않고
머릿속을 헤집더니
손끝에 다다르니
어느새 저만큼 사라지는 하얀 포말
다시 돌아오는 파도 속에는
하얀 거품만 게워내고
나는 또 빈 속을 게워낸다
똥물이 나올 때까지
이른 봄날 한꺼번에 피어나는 꽃들
시샘이 극에 달했다
비바람 한 번에 일렬로 주차 중인 차들 위로
化粧을 한다
이제 떠나는 거야

이어가고 있는 時間

타국의 햇살은 잘 익은 수밀도 과즙 같다
급속히 숙성된 것이 아니라
오래도록 잘 익은 노란 개나리 같은 따스함이 있다
여행은 나의 현재와 과거와 미래가 만난다
우주와 우주의 간격을 이어주는 웜홀이다
그래 저 향기는 내가 맡지 못했어
아마도 가까운 시간에
그리운 향으로 다시 만날 것이고
꼬치에 꿰어진 생선들은 우리 엄마의 솜씨고
탕후루의 아찔한 달콤함은 나의 실패작이었지
누룽지를 설탕에 버무려
대문 밖 아이들을 불러 모은 건
나는 외로웠다
보았던가 우리가 그 풍경을
먹었던가 서로가 음미하던 기억을
밤새 걸어도 좋은 時間
언제 또다시
그런 말은 사치겠지
지금의 하늘빛과 지금의 신작로 먼지를 기억하자
저 무자비한 크락숀 소리를 기억하자
노오란 햇살 같은 잠에 빠지는 꿈 하나

창문 속에 바다가 있네

13층 작은 유리창에 바다가 걸려있네
파도가 넘실대는 창문은
때로 왼쪽으로 기울고
옆구리를 지나 요트가 달리고
갈매기는 오른 쪽으로 기운다
어느 날 바다가 갇히네
창문에 걸려 출렁이고 있네
새들이 직진하여 떨어지는
커다란 유리창
작은 창의 바다에는
작은 창만한 바다가 출렁이고
벌겋게 벗은 햇살이 누워있네
작은 창문과 큰 창문 사이
푸른 숨을 들이켜는 고래 떼
눈을 감네
꼬리지느러미에 깨지는
왼쪽 창문에 넘치는 바다가 있네

해운대는 푸르다

조선비치호텔 초입에는 바닷물이 아닌
맑은 물이 흘렀다
모기장을 쳐놓고 밤을 지샜다
유년 시절 아득한 물놀이의 밤을 보낸 해운대
밤새 고래가 헤엄쳤다
엄마는 그 맑은 물에 소금기 가득한
몸을 씻겨 주셨다
시커멓고 끈적한 물빛을 지나
이제는 고기들도 헤엄친다
낚싯대를 드리운 사람들도 있지만
호텔도 없었고 오염되지 않은
맑은 물이 아주 얇게 찰방찰방
모래를 헹구며 흘렀다
유년의 해운대는 푸른 고래 같았다
세월의 구들장으로 물길을 막아버리고
무턱대고 쌓은 마천루만 가득하다
푸른 고래는 수영교 고래조각처럼
칠이 벗겨지고 더께처럼 내려앉은
먼지는 흡사 파도처럼 유영을 한다
그래도 가끔 새벽녘
너를 만나러 바다로 간다

푸른 여명이 차오르는 그곳에서
푸른 고래를 꿈꾼다
신화처럼 꿈을 꾸는

달맞이언덕

  보라색 도라지꽃이 가득 피었다 그 틈새에 하얀색 꽃이 피었다 흰색 특유의 청아함이 도드라진다 철제 난간이 사라졌다 난간을 잡고 계단을 오르던 노인이 버스 바퀴 앞에서 구름을 멈췄다 항의를 못 이긴 철제난간을 다시 돌려주었다 방 안 제습기는 하루종일 물을 뽑아낸다 미처 통을 비우지 못하면 경고음을 발사한다 길의 종점처럼 수국더미 막 피어난다 담장을 타고 오르는 담쟁이 빌라 창문을 도색한다 더이상의 몸짓을 거부하지만 미리 옵션으로 선택된 뷰를 보면서 노인요양병원 자꾸 생겨난다 나는 그 일이 언제 내게 하달될지 붉은 봉숭아 꽃잎으로 혈색을 숨긴다 아주 붉게 붉게 도로나 붉은색 벽돌의 빌라는 거센 태풍에 하나둘씩 사라지고 오가는 차들이 넘쳐나는 도로는 갈라지고 내려앉고 모두의 반대에도 들어서는 호텔공사에 지반에 금이 간다 달맞이 전 구역을 평준화 재개발위원회가 생겨나더니 찬성가구를 색출한다 나는 어디로 옮겨볼까 궁리만 만리장성이다 추리문학관 포우도 운무인지 해무인지 그것조차 못 밝힌다 점잖은 척 변함없는 저 검은 고양이를 하얗게 칠해주세요 명품 힐아파트 오늘도 새 출입문을 만든다 버스 정류장을 눈앞에 두고도 길은 돌아 돌아 버스에 오른다

처용(妻의 다리)

사슴 한 마리
사슴 두 마리
사슴 세 마리
절간 담을 뛰어넘는다
바람보다 가볍게
사뿐히
높은 곳은 겁이 난다
까치발을 들며 높이 올라간 고무줄
사뿐히 넘어 친구들을 살려줬지
짧은 치마 두 손에 쥐고
높이도 뛰었지
역신과 동침하는 아내의 두 다리만 보았는가
덩실덩실 처용무만 추었는가
끝까지 육신과 함께 하는 게 없다
산후 후유증으로 하지정맥이 생겼다
세월만큼 또아리를 튼 담쟁이 가지 같다
치마를 입지 못하는 아쉬움
사는 게 허허실실
처용무만 추다가
처용무만 추다가

꿈이 다른 건 아니다

 여중을 들어가니 국어 시간에 꿈을 적어내란다 알았는지 몰랐는지 어렴풋이 일본의 설국 작가가 노벨문학상을 탄 것을 기억했다 그냥 꿈을 노벨문학상이라고 적었다 친구들은 그게 뭐냐고 물었다 선생님께서는 나를 문예반에 넣어 주셨다 국어시간 글 읽기는 내 담당이었다 경상도 발음이 없다고 말씀하셨다 칠판 가득 필기도 내 담당이었다 선생님은 오늘 적어야 할 것을 내게 주셨다 사촌 오빠들이 대학교 도서관에서 빌려온 책들은 무조건 다 읽었다 혼자인 나에게 독서는 친구처럼 돈독했다 국어 시간 역사 시간 작품의 작가나 내용을 물어보면 막힘이 없었다 당연히 교내백일장도 휩쓸었다 선생님은 소설을 쓰라고 하셨다 박경리 소설이나 조정래의 글을 읽다 그 엄청난 가계도에 자신이 없었다 힘들게 살아가는 힘든 시간에도 꿈을 간직하고 책을 놓지 않는 나 자신이 고마웠다 꿈이니까 기대해준 선생님께 보답은 못했지만 시집을 보내드리면 제자님 고맙습니다 라는 인사를 해 주신다 내가 꿈꾸던 노벨상을 내가 좋아하는 작가님이 받으셨다 절로 어깨가 으쓱해지는 글쟁이의 자부심 내 꿈은 다른 이의 꿈이 되고 다른 이의 노벨문학상은 나의 것이 되기도 한다 꿈이니까,

◆ 해설 ◆

푸른 하늘로의 초월과 근원의 수용

김경복(문학평론가, 경남대 교수)

푸른 하늘로의 초월과 근원의 수용

—이진해 시의 의미

김경복
문학평론가, 경남대 교수

푸른 하늘이 그윽하게 머리 위로 드리워져 있다. 태어날 때부터 머리 위에 펼쳐진 하늘은 그 얼마나 우리 마음을 둥글게 감싸고 출렁이고 있었을까? 인간에게 푸른 하늘은 빛이자 거울이다. 푸른 하늘이 있기에 사람들은 지치지 않고 하루의 삶을 이어갈 수 있고, 평생의 업을 닦아갈 수 있다. 푸른 하늘은 아버지의 손길이자 어머니의 품인 것이다.

신화적 관점에서 하늘은 천도天道, 공의公義 등을 상징하여 이치와 바름을 뜻하지만, 무엇보다 그 영원과 무한, 자유, 평화 등의 이미지로 인해 이상향을 상징한다. 하늘을 그리워한다는 것은 바름과 이치를 깨닫고 싶다는 의미를 가지면서, 동시에 영원한 안식처로 상징되는 어머니의 품, 즉 이상향에 이르고 싶다는 바람을 뜻하기도 한 것이다. 이러한 감정은 인간이라면 누구나 가질 수 있는 것이지만 아무나 그런 것을 표출할 수 있는 것은 아니고, 하늘의 형상과 색채에 민감한 사람만이 그런 감성을 깊게 자각하고 표현할 수 있다.

  시인이 그런 사람 중의 하나가 아닐까? 아니 시인 중에서도 몇 사람만이, 가령 이진해 시인이 그런 경우가 아닐까? 이진해 시인의 이번 시집을 읽어보면 '푸른 하늘'의 이미지가 주요 심상을 구성하면서 하나의 시적 세계를 완성하고 있다. 하늘에 대한 주목이 최근 삶의 관심이자 더 나아가 화두인 것으로 보인다. 하늘에 대한 관심은 아무래도 지상의 삶에 대한 결핍이나 한계를 느꼈기 때문인 것으로 추측해 볼 수 있고, 그에 따라 그녀의 시적 세계가 어딜 지향하고 있는지를 독자로 하여금 느낄 수 있게 하고 있다. 그런 점에서 이진해 시의 심부에 이르기 위해 우리는 시인이 그리고 있는 이미지의 궤적을 따라 가뭇한 허공의 세계로 나아가 볼 일이다. '푸른 하늘'에의 갈망과 수직적 상상력

  시인이 그리고 있는 이미지의 결을 따라가면 삶이 분비하는 의식의 호르몬을 맡을 수 있다. 가령, "우주 시대가 자못 궁금하다"(「누리호의 행운」)는 말이 그런 경우가 아닐까? 이 언명은 일상에서 '누리호'가 우주로 발사되는 장면을 보고 문득 들었던 마음을 표현한 것일 게다. 이러한 표현은 평소 의식의 심층, 즉 무의식 속에 응결되어있던 어떤 갈망이 세상의 현상에 자극되어 밖으로 표출된 것으로 해석할 수 있다.

  왜 우주 시대가 궁금한가? 대다수의 사람은 누리호의

발사를 TV를 통해 시청할 때, 이 사건을 하나의 특별한 볼거리로 쳐다볼 뿐 거기서 자신의 삶과 연관된 생각을 하지 못한다. 이 누리호가 우주 속을 유영하는 장면을 상상하는 것은 평소 하늘과 우주에 관심 있는 사람만이 할 수 있는 일이다. 곧 특별한 존재로서 특별한 의식을 가지고 있다는 말이 되겠다. 이진해 시인은 이런 현상을 보자마자 본능적으로 저와 같은 반응을 보이고 있다. 우주, 곧 하늘에 대한 평소의 궁금함을 자신의 삶의 반영인 시에 저리 투사하고 있는 것이다. 다음 시편을 보면 그것을 좀 더 잘 알 수 있다.

> 구름이 층층
> 마법을 즐기듯 눈을 감는다
> 나는 더 이상 쪼개어질 수 없는 원자의 감정으로
> 아, 그냥 잠들고 싶다
> 〈중략〉
> 한 점의 욕심마저 내려놓고
> 구름 위를 산책한다
> 흡사, 일상처럼
> 구름은 층층
> 캉캉 치맛자락을 들어 올리며
> 유혹의 무반주다
>
> — 「4만 피트의 찬란」 부분

이 시 속엔 이번 시집의 중요 심리와 이미지가 다 들어 있다. 우선, 시적 화자가 추구하는 마음의 상태는 "구름 위를 산책하"는 것이다. '구름 위의 산책'은 일상적 삶의 형태는 아니다. 그것은 일상을 초월하여 대자유 내지 대평화의 상태에 놓이고 싶다는 마음의 표현일 것이다. 그것이 가능하려면 시적 화자의 표현대로 "한 점의 욕심마저 내려놓"아야 하고, "더 이상 쪼개어질 수 없는 원자의 감정" 상태에 진입해야 한다. 이것은 무엇을 말하는 것인가? 시적 내용상 이것은 평상의 인간적 상태에서 벗어나 '각성체' 내지 '영체靈體'의 수준에 이름을 의미하는 것으로 볼 수 있다. 도교의 관점으로 본다면 신선, 불교의 관점으로 말한다면 보살이나 부처의 상태라 볼 수 있지 않을까?

초인을 갈망하는 것은 인간의 오랜 염원이다. 특히 종교를 가진 사람은 더욱 이러한 갈망에 놓여있다고 볼 수 있다. 그런데 이 시는 종교의 색채를 드러내지 않으면서 인간이 보다 성스러워지고자 하는 갈망을 이미지의 결을 통해 잘 드러내고 있다. 우선 '구름'의 이미지로 상승의 느낌을 불러일으키고, '더 이상 쪼개어질 수 없는 원자'의 이미지를 통해서는 근원이나 궁극의 의미를 환기해준다. 그리고 '욕심마저 내려놓고'를 통해 가벼움의 의미를 불러일으켜 '캉캉 치맛자락을 들어올리며'의 이미지에서 놀이가 갖는 자유로움과 상승의 느낌이 들도록 함으로써 '구름 위의 산책'이 자연스럽게 연상되도록 만들고 있다. 이미지의 선을 따라 의식이 구름 위라는 '마법'적 공간을 자연스럽게 상상할 수 있도록 전개되고 있는 것이다.

이러한 시적 지향은 '푸른 하늘'에 대한 평소의 그리움에 물줄기를 대고 있을 것은 당연하다. 이진해 시인은 푸른 하늘에 대한 갈망으로 자연스럽게 '우주 속의 누리호'나 '구름 위의 산책' 등의 이미지를 불러오는 것이다. 그래서 "그 잎 자라 잭크의 콩나무가 되어/ 거기 다다르는 사다리 되는/ 낙원상가에 가고 싶다"(「낙원상가」)는 표현을 통해 천상지향적 의식을 표현하는 것은 너무나 당연하다 못해 자연스럽다. 그렇다면 이러한 갈망은 어디에 기인하는가? 이 답변을 구하는 것은 상당한 전기적 생애의 조사가 필요할지 모른다.

그러나 문학적 상상력은 굳이 인과적 해석의 기율에 얽매일 필요는 없다. 시인의 시적 전개 속에 그 실마리를 찾아 이해할 수 있는 것이 가장 바람직하다. 실제 이번 시집의 상당수 작품에서 시인의 생애적 관점을 이해할 수 있는 구절들이 발견된다. 가령, "빈 필름만 껵껵대는 영사기/ 더 이상 돌아갈 시간이 없구나"(「허수아비」)라든지, "가진 게 없구나/ 이제 꿈조차 가질 수 없구나/ 가만히 두 발을 허공으로 올린다/ 한때의 꿈이었다/ 발레는"(「발레는」) 등의 표현은 시인의 현재적 삶의 상태를 보여주는 것들이라 할 수 있다. 여기서 볼 수 있는 것은 '더 이상 돌아갈 수 없음', '이제 꿈조차 가질 수 없음'의 감정이다. 이것은 시간의 경과를 보여주는 것이자 삶의 막다른 궁지에 몰린 상태를 말해주는 것으로 보인다. 곧 늙음에 따른 고갈과 결핍, 또는 생의 마감이라는 의식의 표현이다. 실제 이진해 시인이 막 일흔의 나이를 넘는 중이어서 그런 감정을 가질 법하다고 유추해 볼 수 있다.

이러한 의식은 곧바로 그러한 한계를 초월하고자 하는 상상을 불러일으킨다. 인간은 본능적으로 더 나은 상태를 갈구하는 것이 본질적 모습이다. 과거로의 회귀나 미래로의 도약은 다 이러한 심리의 압박하에 일어난 현상이다. 이진해 시인은 이러한 압박을 평소의 그리움이라 할 수 있는 '푸른 하늘'에 대한 염원으로 풀어낸다. 다음 시가 이를 잘 보여준다.

>   푸른 코끼리다
>   본 듯한 친숙함과 묵직한 외경스러움이 공존하는 푸름
> 이다
>   잠시 잃어버린 갈 곳 없는 걸음이 하늘 향한
>   수영2호교에서 본 고래의 표정과 오버랩된다
>   필시 전생이거나 현생이거나
>   서로 닮은 유전자가 있다
>   거대한 울음을 하늘에 가둔 푸르름
>   하늘은 바다처럼 푸르다
>   거꾸로 자맥질을 하여도 무방하다
>   불쑥 나타나는 도마뱀이 오히려 거추장스럽다면
>   찾아가는 서비스를 풀 가동시키는 능청스러움에
>   엎드려 기도를 하네
>   너의 전생에 나는 서늘한 한 줄기
>   바람이었기를
>   목마름을 버텨주는
>   때로는 너의 피를 돌게 하는
>
>   　　　　　　　　　　　　　　　－「푸른 코끼리」 전문

참으로 아름다운 이미지와 함께 의미심장한 상징들이

시적 문맥에서 뛰놀고 있다. 해석의 어려움이 조금 있는 것처럼 보여도 전체를 이해하는 데에는 크게 지장이 없어 보인다. 우선, 시적 대상이 무엇인가를 살펴보면 시적 맥락으로 볼 때 그것은 '푸른 하늘'로 보인다. '푸른 코끼리'가 문득 등장하여 헷갈리게 하지만, "하늘은 바다처럼 푸르다"로 표현하고 있음을 두고 볼 때 시적 화자의 시선은 '푸른 하늘'에 가 있고, 그 끝에 푸른 하늘을 "친숙함과 묵직한 외경스러움이 공존하는 푸름"에다 "거대한 울음을 하늘에 가둔 푸르름"의 성질을 담고 있는 것으로 보아 하나의 생명체, 즉 '푸른 코끼리'로 연상하고 있다고 짐작할 수 있다.

그 푸른 하늘에 시적 화자는 "거꾸로 자맥질을 하"고 싶은 마음을 가지기도 하고, "엎드려 기도를 하"고 싶은 마음을 가지기도 한다. 이는 앞에서 보았던 푸른 하늘의 상징적 가치 때문일 것이다. 이 푸른 하늘로 인하여 시적 화자는 "나는 서늘한 한 줄기/ 바람이었기를" 갈망한다. 당연히 여기서 '바람'은 앞의 시에서 보았던 가벼움으로 인한 상승과 무엇에도 얽매임 없는 자유의 화신을 의미한다. 상승과 초월을 통해 대자유를 갈망하는 시적 화자의 모습을 볼 수 있는 것이다. 이는 현실 속의 결핍이나 중압에 벗어나고 싶은 사람의 심리를 전형적으로 잘 대변해 준 것이라 할 수 있다.

문제는 이 푸른 하늘을 왜 '푸른 코끼리'에 빗댔는가 하는 점이다. 이를 이해하기 위해서는 조금 종교적 배경지식이 필요하다. 불교에서 코끼리는 지혜와 힘, 자비와 덕을 상징하고 보살이나 부처를 상징하기도 한다. 흰 코끼리는 부처님의 탄생을 의미하는데, 흰색과 푸른색의 친연성을 생각할 때, 시인의 의식 속에 있는 '푸른 하늘' 역시 부처님의 은총을 상징한다는 차원에서 성스러운 코끼리의 의미를 담고 있다고 보아야 할 것이다. 그 점에서 일정 부분 이진해의 시는 불교적이다. 이번 시집에서 보이는 "부처님의 설법처럼"(「천 개의 바람이 되어」)이라든지, "기대할 수 없는 무언수행"(「미간이 좁혀진다」) 등의 표현을 통해서도 이를 알 수 있다.

결국 이진해 시인이 추구하는 푸른 하늘에 대한 수직적 상상력의 요체는 세속적 욕망을 끊어버리고 일체의 업고에서 벗어나 대자유, 대평화의 세계인 불국토佛國土에 이르고 싶다는 원망이라고 볼 수 있다. 그런데 이러한 불국토에 대한 지향은 불교적 관점이 아니라도 인간의 본질적 속성의 면에서 지상의 중력이 주는 압력을 이겨내고 이상향에 이르고자 하는 심리적 측면의 표출로도 볼 수 있다. 이진해 시인의 시는 한 마디로 푸른 하늘로 날아오르고 싶은 인간의 심리를 전형적이면서 심층적으로 보여주고 있는 것이다. 일상 속의 '푸른 물의 시간' 추구와 자아 성찰

푸른 하늘에 대한 지향과 염원은 특별한 상황이나 시점에서 발생한다. 지상에 발이 묶인 인간은 일상의 중력과 권태의 압박에 짓눌려 하늘의 궁륭을 쳐다보기 힘들다. 차츰 시선은 지상으로, 현실로 떨어지게 되는데, 문제는 애초에 천상지향적 의식을 가진 존재는 현실 속에서도 탈출과 초월의 심리를 포기하지 않는다는 점이다.

이진해 시인이 그러하지 않을까? 다음 시편을 보면 이를
알 수 있다.

> 펼칠 수 없고
> 판독할 수 없는
> 물빛 고요한 시간을 채운다
> 하늘을 보면 하늘을 담고
> 구름을 보면 구름을 담고
> 신기하게도 물은 쓰러지지 않는다
> 바람은 코끼리 울음소리를 던져 주고 사라진다
> 비밀의 푸른 화원 속에는
> 수많은 비손이 그들을 건져간다
> 엄마도 그 밤에 연꽃 한 송이 건네받고
> 뭍을 나왔다
> 그 푸른 물의 시간 속에 건져올린
> 나의 시간이 아직도 흐른다
> 고요한 물의 시간을 바라본다
>
> — 「물의 시간」 부분

이 시의 핵심은 고통으로부터 탈출의 심상으로 '푸른
물의 시간'을 사용하고 있다는 점이다. 이는 "엄마도 그
밤에 연꽃 한 송이 건네받고/ 뭍을 나왔다"에 암시되어
있다. 여기서 '뭍'이 현실이자 고통의 상징이다. 뭍에서
나옴은 고통으로부터 탈출한 것인데 이것은 시의 '연꽃
한 송이 건네받'는 내용으로 볼 때 불교적 구원, 즉 열반
이나 득도의 상징으로 해석할 수 있다. 그렇게 해석하면

'푸른 물의 시간'은 시적 화자가 현실의 고통이나 압력에서 초월하여 자신의 참된 존재성을 인식하는 시간으로 볼 수 있다.

이는 '푸른 하늘'의 가치를 일상과 현실 속에서 찾아내는 것을 의미한다. 곧 '푸른 물'은 '푸른 하늘'의 열화이자 대체 표상이 되는 셈이다. 그리고 이런 전이는 '푸름'의 색채가 갖는 신성성에 기반하고 있다는 점에서 '푸름'에 대한 지향으로 요약할 수 있다. 실제 이번 시집에서 이진해 시인은 자신의 시적 지향이나 궁극적 가치의 상징으로 '푸른 색'을 사용하고 있다. 가령 "힐링의 시간을 주는 베푸는 시간이 푸르다"(「원래의 모습으로」)라든지, "오늘은 손톱에도 고흐의 밤하늘처럼/ 아주 푸른색을 칠해 보고 싶다"(「차가운 미스트는 녹아 버렸다」) 등의 표현은 시인이 푸른 색을 어떻게 바라보고 있는지를 잘 알게 해주는 부분이다.

그렇게 볼 때 지상의 현실 속에서 '푸름'은 참된 가치 내지 참된 존재성을 의미한다. 때문에 이진해 시인은 푸른 하늘이나 푸른 물의 가치를 자신의 일상적 삶 속에서 내면화하고자 한다. 이 말은 또한 이런 내면화가 어렵다는 것을 인정하면서, 오히려 메말라가는 자신의 삶에 대한 반성적 인식을 주로 표현하고 있다는 것을 의미한다. 이번 시집의 대다수 시가 이런 내용이다. 다음 시편이 이를 잘 보여준다.

> 푸른 바다의 말들은 푸를까
> 파도는 몇 개의 입을 가지고 있을까
> 햇살처럼 반짝반짝 따가운 입

입을 벌리기도 전에 눈을 감아버린다
외면을 하는 거야
벌써 지친 거야
파도에 매달려 매닥질 당하는 허연 거품을 삭이는 입술
말들은 언제나 발밑에 수장되어 버린다
입술 위에 포진이 생겼다
밤새 뒤척인 말들이 아무데도 가지 못하고
입술을 가둬버린다
점잖은 척 미소를 숨기고
수포를 터트리는 사람들
짭쪼름한 말들이 입안으로 스며든다
살짝 핥아 본다
나는 너의 말들이 싫어
수포에 딱지가 굳는다
바닷물에 입술을 담그고 싶네
사해를 둥둥 떠다니고 싶네

- 「포진으로 숨어든 말들」 전문

 이 시의 중심은 '푸른 바다의 말'과 인간이 주고받는 '밤새 뒤척인 말'의 대비다. 이미 앞에서 보았듯 '푸른 바다'는 '푸른 하늘'의 대체 표상이기 때문에 시적 화자가 가닿고 싶은 영역이다. 현실 속의 자아는 "점잖은 척 미소를 숨기고/ 수포를 터트리는 사람들"의 하나인 만큼 "입술 위에 포진이 생겼다"에서 볼 수 있는 것처럼 가식과 허위로 고통받고 있다. 진정성을 상실하고 세속적 욕망에 휘둘리어 살아가기 때문에 "나는 너의 말들이 싫어"

라는 부정과 배타의 감정에 싸여 있다. 이러한 의식의 표현은 일상적 현실 속의 자아에 대한 통절한 반성이다.

자신의 속악한 본성을 씻어낼 필요가 있음을 인식하고 자아는 '푸름'의 가치를 내면화해야 한다고 생각한다. 그에 따라 "바닷물에 입술을 담그고 싶네/ 사해를 둥둥 떠다니고 싶네"라는 표현을 통해 푸른 물을 통한 세례와 해방의 심정을 담아낸다. 곧 '푸른 가치'로의 솟구침을 표방함으로써 평소의 정신적 가치인 대자유와 대평화를 추구하는 것이다.

그런 점에서 이 시는 속악한 일상적 삶 속의 자아에 대한 반성을 통해 참된 삶을 추구하는 것을 '푸른 물'의 형상으로 보여준다. '푸른 물의 시간'은 그러한 푸름의 가치를 내면화하는 시간일 것은 분명하다. 일상성과 지향성이 매우 구체적으로 대비되면서 나타나는 이런 시로 인해 시인의 시는 당대의 역사적 현실을 담아내면서 참된 인간의 존재성이 어디에 있는지를 탐구하는 인식론적 면을 보여준다. 불교 사상으로 자신의 삶에 대해 끝없이 반성하면서 참된 존재에 대해 사색한다는 측면에서 이진해의 시는 상당 부분 철학적이다.근원에 대한 그리움과 수긍의 시학

이진해가 그리는 시적 풍경 속으로 들어가게 되었을 때, 시인이 추구하는 의식의 지형을 알게 되지만 좀 더 솔직하고 담백하게 자신의 현재적 삶을 성찰하는 작품에서 우리는 감동하는 것을 보게 된다. 치열한 일상적 삶의 반성보다도 다소 애절해 보이기도 하는, 그리움을 표방

하는 작품들이 우리의 눈길을 더 끌게 하고 발길을 서성이게 만든다. 서정시는 감정의 표현이자 공감의 장르인 만큼 감정의 곡진한 표현이 잘 녹아들어 있는 작품은 독자의 마음을 붙잡아 이리저리 헤매게 하는 것이다. 다음 작품이 그런 경우가 아닐까?

웅천읍성은 안태본이다
다섯 살 계집아이에게는 성벽은 늘 높았다
사내들의 무등을 타곤했었다
발밑에 채이는 이상한 귀퉁이들은
아버지의 술주정으로 깨진
엄마의 한숨을 담은 듯
까슬거렸다
성벽은 높았다
나무는 너무 울창해서
저들끼리의 알고리즘을 만들곤
해마다 푸른 말을 뱉었다
그리곤 쉼표 같은 꽃잎도 매달렸다
붉은 먼지를 날리던 신작로는
눈을 감게 했다
그래서인가
보고픈 이들은 눈을 감아야 보였다
이름값을 매긴 웅천읍성
城 안의 동네는 성내동
그곳은 안태본이다
왜구를 물리친 적도 없고

소꿉놀이를 했던 도자기 조각들
끝내 어려운 퍼즐처럼
잃어버린 조각 하나
아버지는
꿈속에서도 뵐 수가 없다
파아란 하늘에 길게 꼬리를 늘어뜨린
구름은 날 어디로 데려갈까
추억도 기억도 이제는 너무 멀다
하늘이 푸르다
나는 여전히 조그만 계집아이다

-「그곳은 안태고향이다」 전문

  시적 내용은 그리 어렵지 않다. '안태고향'이라 불리는 '웅천읍성'에 대한 기억과 유년의 가족 이야기, 그 끝에 지금은 돌아가신 아버지에 대한 그리움을 표현하고 있다. 이 시가 감동적인 까닭은 고향에 대한 추억의 내용을 매우 구체적으로 그려내는 부분에도 있겠지만, 그 내용을 솔직하고 담백하게 읊조리는 가운데 누구나 자신들의 고향과 유년의 정경을 떠올리게 하고, 부모님에 대한 그리움을 환기해준다는 데에 있을 것이다. 특히 유년과 고향을 그리워하는 입장에서 "나는 여전히 조그만 계집아이다"란 표현으로 자신의 실존을 규정함으로써 변하지 않는, 변할 수 없는 인간 존재의 본질적 속성을 통찰해내는 데에서 무릎을 치지 않을 수 없게 한다.

  칠십 먹은 노인도 그리움의 관점에서 보면 '여전히 조그만 계집아이'일 수 있다. 그리움은 늙지 않기 때문이다. 또 어쩌면 그리움의 감정은 조그만 계집아이가 더 깊고 높게 느끼고 있을지도 모른다. 근원은 변치 않는다. 근원을 확인하는 것은 자신의 존재성을 아는 일이다. 나이 들수록 감정이 메말라가는 현실에서 시가 독자의 가슴을 젖게 하고 머리를 들어 먼 하늘을 보게 함으로써 이 근원에 대한 감각을 불러일으키게 한다면 그것만큼 위대한 일이 어디에 있겠는가! "추억도 기억도 이제는 너무 멀다"고 시적 화자 역시 중얼거리고 있지만 시인이기에, "하늘이 푸르다"라고 여전히 예민한 천상지향적 의식을 보여주고 있는 사람이기에 자신의 실존을 마비시키거나 휘발되지 않게 하여 살아있음을, 근원 속에 살아있는 의미의 충만함을 느낄 수 있게 하는 것이다.

그런 점에서 "먼저 가신 분들이 보고플 때가 있다/ 그래서 꿈이란 걸 기대한다/ … / 외할머니가 참 많이 보고 싶다"(『꿈도 이별을, 헤어짐을 아는가』)는 언명도 단순한 감상이 아니라 '꿈'을 통해서라도 그리움의 실체를 확인하고 싶은 간절함에 공감이 가는 것이다. 그리움 또한 의식의 활성화인 만큼 의식이 흐릿해지는 도시인에게, 자본의 욕망에 순수와 진정이 마비되어 가는 현대인에게 간절한 대상이 될 수 있다. 존재의 본질은 근원에 대한 간절함의 인식이다. 죽음이 오기 전에 이 살아있음을 간절하게 느끼는 것이다. 다음 시편이 바로 그런 간절함을 서정으로 잘 풀어낸 작품으로 보인다.

　　천 개의 바람에 자라는
　　천 개의 뿌리들

부처님의 설법처럼
엄마의 잔소리처럼
하나의 아침 바람은 하나의 뿌리가 되고
하나의 저녁 바람은
뿌리를 거두어 매듭을 짓고
기울어진 담벼락을 지탱하고
이끼 낀 강물의 유속을 붙잡고
한 개의 바람을 가두면
한 개의 뿌리가
나를 실어 나르네
저기 반딧불 반짝이는 어둠 속에서도
뿌리는 나를 붙잡고
강물을 붙잡고
하나의 아침을 준비하네
어둠을 지키는 하나의 뿌리로
반딧불이 반짝이네
천 개의 바람에 자라는
천 개의 뿌리
누군가의 날개처럼
가렵다고 긁적거리면

― 「천 개의 바람이 되어」 전문

  이 시는 존재의 근원에 대한 사색을 보여준다. 그것은 "천 개의 바람에 자라는/ 천 개의 뿌리들"에 함축되어 있다. 불교의 연기설緣起設에 입각해 쓴 듯한 이 시 구절들은 결국 부모에 대한 그리움을 바탕으로 '나'란 존재가 어떻게 이 지상에 출현할 수 있었고, 어떻게 살아올 수 있었는지를 비유적으로 풀어내고 있다. 그러면서 '뿌리', 즉 근원이 어떻게 나란 존재를 의미 있는 실존의 세계 속에서 살게 하였는지를 "저기 반딧불 반짝이는 어둠 속에서도/ 뿌리는 나를 붙잡고/ 강물을 붙잡고/ 하나의 아침을 준비하네"의 표현을 통해 드러내고 있다. 이 표현은 자신의 존재성을 인연에 기대어 이해하면서, 자신만의 특유한 세계로 성장하여 결실을 맺게 되었다는 '납득'의 감정을 보여준다.

그런 점에서 이 시는 수긍의 체험과 사색을 서정적 문체로 풀어내고 있는 작품이다. 존재의 근원에 대한 사색이 참신한 비유적 표현을 통해 아름다운 형상으로 펼쳐져 있는 것이다. 이 내용을 이번 시집의 다른 시 구절로 대체한다면 아마 다음과 같은 것, 즉 "살아가는 동안 기억될 마지막을/ 스스로 선택한다는 것은/ 대단한 용기이자 자기애인 것 같다"(「만우절의 유래」)는 정도의 표현이 되지 않을까? 이 표현은 관념을 구체적 형상에 비유하지 않고 직접 말함으로써 죽음을 바라보는 사람의 담대함과 담백함, 순명의식 등을 느끼게 하고 있다. 이런 내용을 「천 개의 바람이 되어」는 구체적인 시적 형상화와 운율로 신비와 아름다움을 동시에 느끼게끔 하고 있는 것이다.

따라서 이진해의 시는 서정적 문체 속에 존재의 본질에 대한 성찰과 불교 사상을 담아냄으로써 깊이 있는 형이상학적 특색을 지니게끔 한다. 그런 가운데에 고향과 혈육에 대한 그리움을 근원에 대한 의식으로 살아나게 하고, 일상적 자아에 대한 반성을 통해 진정한 실존의 의

미가 무엇인지를 찾아 나서게 한다. 참된 존재성이 어디에 있는지를 부단히 탐색함으로써 시인이 줄곧 화두로 간직해온 '푸른 하늘'이 오늘의 독자에게 어떤 의미를 띠게 하는지를 사유하게 하는 것이다. 그리하여 이진해의 시는 우리에게 '푸른 하늘' 그 자체이거나, 푸른 하늘에서 비추는 빛이자 그 빛을 담고 있는 거울로 작용한다.